大偵探福爾摩斯

SHERLOCK HOLMES

資料大全 2

The Secrets of the Great Detective

Sherlock Holmes

The Secrets of the Great Detective Sherlock Holmes

CONTENTS • 目 錄

Chapter 1
福爾摩斯的角色檔案
福爾摩斯的角色檔案

夏洛克·福爾摩斯
Sherlock Holmes
少年時代的福爾摩斯，勤奮好學，又樂於助人，時常被猩仔連累而捲入事件，但最終仍能以其聰明才智解決。他亦很孝順母親，為減輕家中的經濟負擔，閒時會到豬大媽的雜貨店打工。
與猩仔的關係
夏洛克自從認識猩仔後，常被他拉去到處遊玩。雖然對猩仔的自吹自擂感到無奈，但對方有困難時也會盡力幫忙。

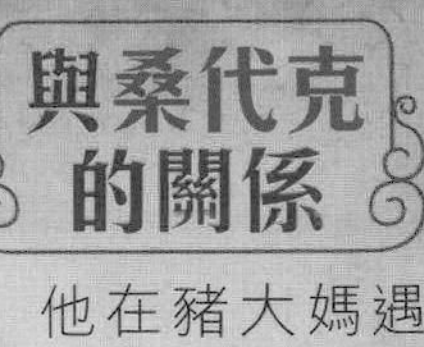

與桑代克的關係

他在豬大媽遇襲案中認識桑代克，其後多次跟隨對方查案，培養出優秀的觀察力和查案技巧，亦開始萌生長大後要當私家偵探的念頭。

美蒂絲

Mercédès

夏洛克的母親，是個溫柔善良的人。曾與唐泰斯結婚，在唐泰斯入獄後改嫁。

你知道嗎？

- 美蒂絲的原型來自法國作家大仲馬的《基度山恩仇記》，她是主角愛德蒙·唐泰斯的未婚妻，在唐泰斯入獄後嫁給表哥費爾南，並育有一子。不過，《M 博士外傳》更改了這個設定。

愛德蒙·唐泰斯
Edmond Dantès
原是年輕的船長，因被誣告而入獄，在獄中得到獄友M先生幫助，得悉被陷害的經過，決意報仇。他在逃獄後曾當過海盜王的手下。
桑代克
Thorndyke
唐泰斯的偽裝身份之一，開始時自稱蘇格蘭場法醫，被猩仔揭穿偽冒後，改稱是私家偵探。
唐泰斯的其他身份
神甫
警探

你知道嗎？

- 唐泰斯來自大仲馬原著的《基度山恩仇記》。原著主角唐泰斯被陷害入獄，逃獄後找到獄友法利亞神父的寶藏，然後對名成利就的仇人展開離奇曲折的大報復。
- 而桑代克則來自奧斯汀．弗里曼筆下的法醫桑代克，他擅長從犯案現場搜尋細微證據，以科學鑑證及豐富的醫學知識去找尋真相。

與M先生的關係

知識淵博的學者，天文地理無所不通。在挖地道逃獄時遇到唐泰斯，然後一邊教導對方各種知識，一邊再次策劃逃獄。但他最終在獄中病逝，臨死前把一張藏寶圖交給唐泰斯。

海盜船上的夥伴

小鷹

海盜王的女兒。身手敏捷，平時會作男生打扮。在海盜王過身後，帶着庖屋四丑投靠唐泰斯。

庖屋四丑

海盜船上的伙夫，海盜王的心腹，直接聽令於小鷹。四人各自身懷絕技，離船後與小鷹一起投靠唐泰斯。

福爾摩斯的角色檔案
猩仔
少年時代的李大猩，港務局李船長的孫子，個性頑皮又好勝，常弄得夏洛克和桑代克哭笑不得。但他為人正直，會主動出頭幫助弱者。在親眼目睹桑代克那神乎其技的查案手法後，自小想當警探的志向就更為堅定了。
李船長
猩仔的爺爺，任職於倫敦港務局，因一宗燈塔看守員失蹤案，他們兩爺孫更與化名桑代克的唐泰斯成為了好朋友。

Chapter 2
柯南・道爾以外的
原著作家
及其時代背景
原著作家及其時代背景

理查·奧斯汀·弗里曼

Richard Austin Freeman (1862年～1943年)

弗里曼習醫出身，他取得醫生資格後，在醫院工作一年，就到英國殖民地西非黃金海岸（現加納共和國）擔任軍醫。4年後因病回倫敦。之後在醫院工作5年，轉往當駐守監獄的醫生。

此時，弗里曼開始撰寫小說，包括與朋友合著的《怪盜羅姆尼》、取材自西非經歷的《金池》等。於1907年，他創作了第一部以桑代克醫生為主角的小說《紅拇指印》。

《大偵探福爾摩斯》系列改編：
- M博士外傳②～⑤
- 大偵探福爾摩斯㊿～56、59

醫生兼科學家

弗里曼在家中設置實驗室，書中的詭計全都是經過實驗驗證，確定可行才會寫進去，有時候還會附上通過顯微鏡觀察的照片，令讀者更有「臨場感」，就像與桑代克一起查案一樣。

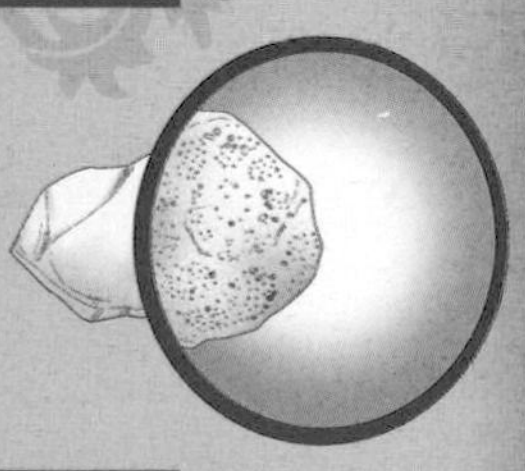

科學鑑證的先驅

如同柯南·道爾筆下的名偵探福爾摩斯，弗里曼也創造了著名的「微物偵探」桑代克。桑代克不會忽略現場任何能成為證據的東西，如泥土、頭髮、灰塵等，並用實驗工具分析，然後基於這些證據作出推理。

據說紐約的警用化驗室，也是因為受到弗里曼的小說的影響而設立呢！

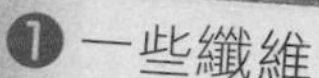

❶ 一些纖維
❷ 一些頭皮
❸ 氧化鉛的碎粒
❹ 兩條褐色的頭髮，幼細程度應來自快禿的頭

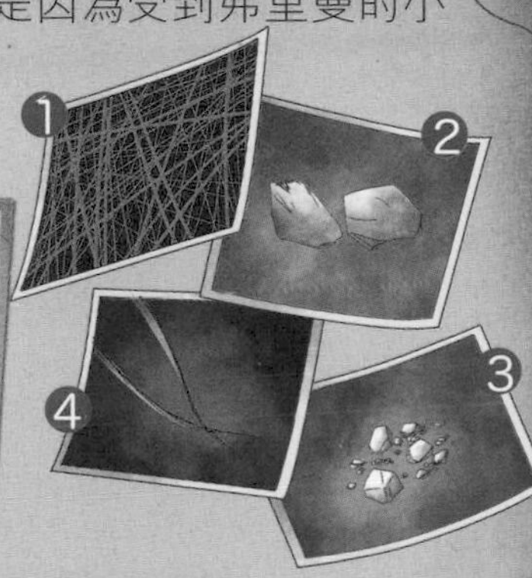

倒敘推理

其名作《歌唱的白骨》收錄的短篇故事，會先描繪犯案過程，接下來再從偵探的角度記錄調查經過。

與傳統推理小說不同，在倒敘推理故事中，由於讀者比偵探更清楚案發經過，偵探在搜查過程中無所隱瞞，故如何利用證據推論出犯人就成了關鍵！

犯案

「**不，我沒出賣你！**」唐格拉爾哭喪着說，「我甚麼也沒說，放過我吧！我沒想過害你！我沒——」

話未說完，唐格拉爾已掙脫一隻手，掄起一拳就往費爾南的面門打去。但**說時遲那時快**，費爾南一手把攻擊架開，並順勢把老伙伴一推。

唐格拉爾**踉踉蹌蹌**地退後幾步，正好靠在欄杆上**搖搖欲墜**。

「**去死吧！**」費爾南上前再用力一推。

調查

失蹤的看守人

7月的早晨**天朗氣清**，化身成為蘇格蘭場法醫的桑代克，來到了位於聖殿碼頭的**港務局**，探望早前認識的**李船長**。

一個拿着煙斗，滿面白鬍子的老人早已在門口相迎，他一看到桑代克，就大聲叫道：「**哈哈！**今天天氣很不錯呢，真高興你來看俺

查爾斯・狄更斯

Charles Dickens（1812 年～1870 年）

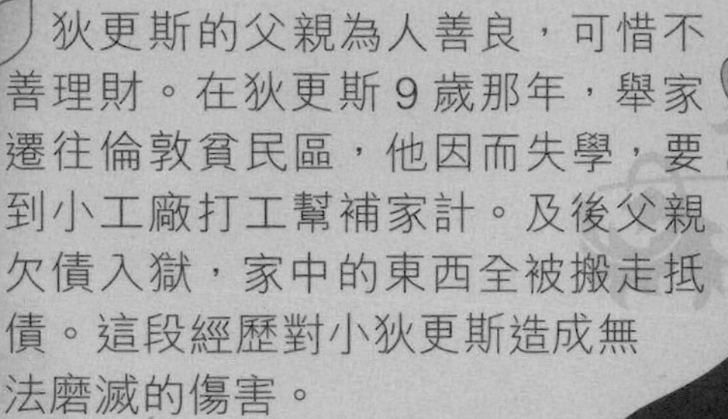

狄更斯的父親為人善良，可惜不善理財。在狄更斯 9 歲那年，舉家遷往倫敦貧民區，他因而失學，要到小工廠打工幫補家計。及後父親欠債入獄，家中的東西全被搬走抵債。這段經歷對小狄更斯造成無法磨滅的傷害。

他長大後當上了報館記者，第一部作品《博兹札記》就結集了為報紙及雜誌撰寫的隨筆，出版後廣受好評，令他一夜成名。

《大偵探福爾摩斯》系列改編：
- 小兔子外傳（上、下）
- 聖誕奇譚

貧民與童工

狄更斯的第一部連載小說《匹克威克外傳》，以輕鬆幽默的方式，反映當時社會風貌及政治流弊，奠定了往後的作品風格。

可能與狄更斯自身的經歷有關，他很多作品的主要人物都是低下階層。他將貧苦大眾的悲慘生活融入故事中，把這些貧窮但善良的角色描繪得栩栩如生，令人動容。

←孤兒奧利弗在濟貧院吃不飽，要求「要多一碗」是《苦海孤雛》中非常有名的一幕。

善惡有報

在狄更斯的故事中，善良的窮人多半會得到好結果，而惡人則會受到應得的懲罰。或是冷酷的生意人在失去一切後，才感受到親情的溫暖。

他喜歡戲劇和朗誦，自己有時候也會參與演出。因此作品的架構和人物均富有戲劇色彩。

聖誕系列

狄更斯通過小説揭露人民的困苦，也規勸貪得無厭的資本家。他寫過 5 篇以聖誕節為背景的故事，提醒富人聖誕節不只是奢侈地慶祝，也是救濟與寬容待人的日子。

英國的工業革命

弗里曼和狄更斯兩位英國作家，大概活躍於第一次工業革命（1750 年～ 1850 年）中期至第二次工業革命（1870 年～ 1914 年）之間。

當時社會由農業轉變成工業，大量新發明湧現，舊貴族沒落與資本家興起，是重新塑造社會階級的動盪時期。

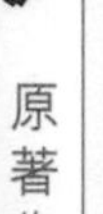

由農村到城市

由於英國天氣不太適合耕種，貴族地主傾向把土地用於更能賺錢的畜牧業。他們購買或徵收大量農地，失去土地的農民唯有往城市謀生。

在殖民地貿易中賺了錢的商人，為了生產更多貨品，遂將分散的家庭手工業集中在城市工廠內進行。

貧富懸殊嚴重

工廠引進機器輔助，將製作工序細分，工人不需要專業知識，只要熟習機器操作就可以，令工廠能把工資壓得更低。

低下階層忍受着低工資、長工時，卻不得溫飽的生活。資本家則透過剝削工人賺得肚滿腸肥。

實驗科學

當時的科學家探討理論外，也會用各種實驗去證實自己的假設。他們從中分解了不同元素，也人工合成出新物質。

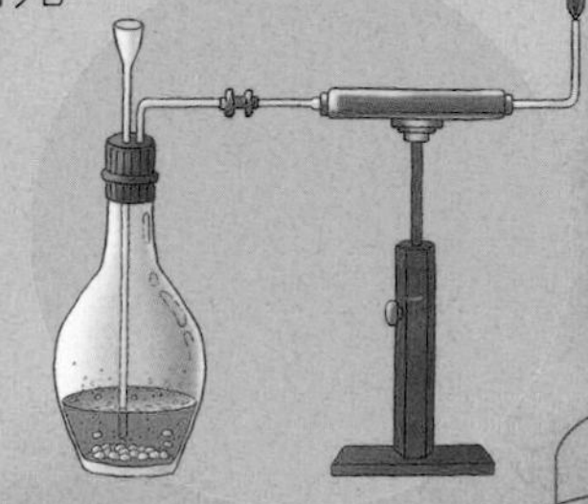

發明家基於這些理論，發明了能應用在日常生活的東西，如紡織機、蒸汽機、發電機、塑膠、人造纖維等，對人類生活有重大影響。

亞歷山大·仲馬（大仲馬）

Alexandre Dumas（1802 年～1870 年）

大仲馬的父親是拿破崙麾下的將軍，後期因不滿拿破崙專權，二人鬧翻，導致退役後無法領取養老金，所以大仲馬小時候窮得連上學的錢也沒有。

後來，大仲馬與遭流放的貴族阿道夫成為朋友，這位朋友帶他認識戲劇、小說、詩詞等，使大仲馬立志成為作家。

《大偵探福爾摩斯》系列改編：M 博士外傳 ①～②

歷史與冒險

大仲馬寫字非常漂亮，因而找到為貴族和劇院謄寫的工作。他也寫起自己的劇本，發表首作《亨利三世及其宮廷》後，開始嶄露頭角。

以大仲馬名義發表的小說及戲劇作品超過二百部，題材多樣，當中最有名的是歷史及冒險小說，如《三劍客》、《紅屋騎士》等。

基度山伯爵

《基度山恩仇記》是大仲馬根據真實事件改編的復仇故事。主角愛德蒙．唐泰斯被誣陷入獄，逃獄後在基度山尋獲獄中友人留下的寶藏，對仇人展開報復。

此作公認是大仲馬最出色的小説之一。大仲馬亦喜歡自稱「基度山伯爵」，並把在巴黎附近森林興建的城堡命名為「基度山城堡」。

小仲馬

大仲馬的兒子亞歷山大．仲馬（小仲馬）亦是有名的小説及戲劇作家，代表作有《茶花女》。小仲馬的作品與父親不同，內容不是刺激冒險，反而着重描寫主角真摯的感情。

法國社會動盪

大仲馬出生於政權交替之時。那時法國大革命到了尾聲，皇室貴族倒台，名將拿破崙稱帝。支持不同政權的文人作家都會以詩詞戲劇抒發己見，及向大眾宣傳自己的理念。

種族偏見

大仲馬的祖父是法國貴族，祖母是非洲奴隸，所以他的父親是白人與黑人的混血兒，而「仲馬」是祖母的姓氏。

當時歐洲對非白人種族帶有偏見。大仲馬的父親參軍時無法得到如同白人貴族的待遇。而大仲馬亦與父親一樣，曾因明顯的混血外表受到歧視。

↓黑人的頭骨，下顎凸出。

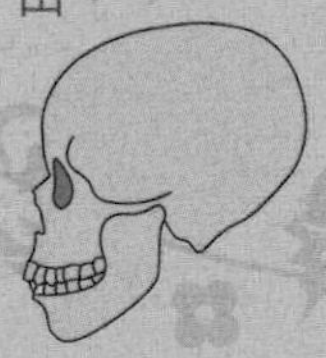

↓白人的頭骨，下顎較平。

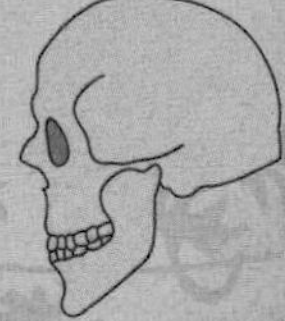

邁向現代的革命

法國人民反對政府由君主及教廷掌控，更受不了政府忽視民眾生活困苦，苛徵重稅供皇室貴族享樂，於是在1789年發起了革命。

這場革命至10年後拿破崙稱帝始告終結。之後的數十年間，法國及歐洲各國漸漸由封建制，轉變為人民參政的共和制。

拿破崙戰爭

法國大革命推翻了國王路易十六，激起歐洲各國恐懼。多國組成聯軍，數次進攻法國。而拿破崙稱帝後繼續南征北討，戰火席捲整個歐洲。

法國內部亦有擁護皇室的保皇黨與支持改革的派系鬥爭。《基度山恩仇記》主角唐泰斯就是在這背景下入獄。

山本周五郎

Yamamoto Shūgorō（1903 年～1967 年）

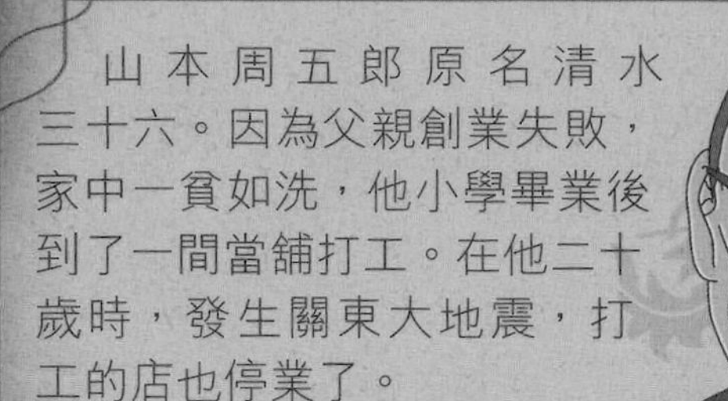

山本周五郎原名清水三十六。因為父親創業失敗，家中一貧如洗，他小學畢業後到了一間當舖打工。在他二十歲時，發生關東大地震，打工的店也停業了。

山本來到大阪的朋友家暫住，他把這經歷寫成短篇小說《須磨寺附近》，再投稿到雜誌社，獲得採用。到正式刊登時，他已經回到東京，並展開作家生活。

《大偵探福爾摩斯》系列改編：華生外傳

山本周五郎的由來

山本少年時代打工的當舖叫「山本周五郎商店」，老闆山本周五郎對他很好，讓他讀夜校，又一直幫助他。

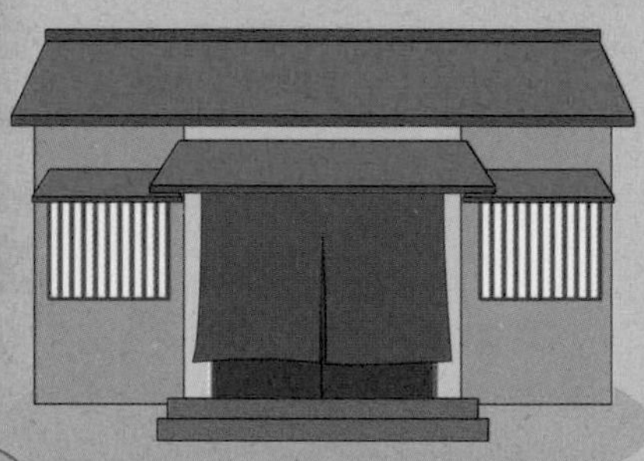

後來山本投稿時，地址寫着「山本周五郎宅，清水三十六收」，編輯誤會了他叫「山本周五郎」，就用這名字刊登。他將錯就錯以此為筆名，同時表達對老闆的敬意。

現實與幻想互相交織

山本以描寫民眾的市井生活為主，在現實環境上刻劃出虛構的故事。故事主角均是隨處可見的小人物，他們縱使面對苦難，也努力活出精彩的人生。

在山本細膩的筆觸中，讀者能為主角的幸運而笑，因他受困苦而哭，對他的經歷產生共鳴。

赤鬚子

《華生外傳》改編自《赤鬚子診療譚》其中一個故事。年輕醫生保本登被安排到診療所任職，保本以為升遷無望，非常不情願留在那裏，但看到人稱「赤鬚子」的新出醫師懸壺濟世，不論貧富也盡心醫治時，開始對診療所改觀。

明治維新

山本周五郎出生正值明治維新剛結束。明治維新是日本近代最重要變革，大量吸收外國文化技術，令日本踏上現代化之路。

幕府崩壞

在明治維新前，真正掌權的人不是天皇，而是幕府將軍和藩主。可是日本受西方入侵，加上農作物失收，農民和武士也生活得很貧困。

幕府力量大不如前，將軍恐怕各藩叛亂，於是把權力交還天皇，以便在新政府中重掌政權，卻惹來不滿，最後將軍見大勢已去，決定隱退，幕府時代正式終結。

翻譯西方文學

明治天皇執政時引進西方文化，翻譯大量外語書籍。文人仿效外國創辦報章雜誌，刊登文章評論及連載小說，日本三大名偵探也是那時創作出來的。

山本周五郎亦改編過福爾摩斯的故事和寫過推理小說《瞌睡蟲警察局長》，溫和的署長比起破案，更在意的是罪案背後的人情和道理。

工業化

明治維新後，日本學習西方通過掠奪來累積資本以轉型成工業社會。當時日本的製衣、煉鋼及造船業尤其突出。

他們也會研究外國產品，改良成適合日本的版本。這些都為日本戰後經濟快速成長打下良好基礎。

梅爾維爾·波斯特

Melville Davisson Post（1869 年～1930 年）

波斯特是出生於美國的推理小説作家。他大學時修讀文學及法律，畢業後當上律師，業餘寫過以壞律師為主角的短篇小説。後因兒子病逝而轉職為專業作家，創作了不少作品。最著名的是以阿布納叔叔為主角的 22 個故事，據説連美國時任總統羅斯福都非常喜歡閱讀。

F.W. 克勞夫茲

Freeman Wills Crofts（1879 年～1957 年）

克勞夫茲是出生於愛爾蘭的英國推理小説作家，曾任鐵道工程師，在 40 歲時患病休養期間，為解悶而創作的首部作品《桶子》，令其聲名鵲起。但他其後只是兼職寫小説，至 50 歲時才辭去工程師一職專心創作。最著名的是以蘇格蘭場探長弗倫奇為主角的一系列作品。

Chapter 3
福爾摩斯時代的英國

英國人一向以維多利亞時代為傲，那個時代被認為是英國工業革命的頂峰，科技發展突飛猛進，各種新發明、新科技湧現。

沒有工業革命，就沒有火車、地鐵、抽水馬桶等現代化設施。
所以工業革命是人類步入現代化社會的一個重要分水嶺。
英國維多利亞時代被認為是工業革命的頂峰，而福爾摩斯所處的年代正是維多利亞時代，我們一起看看有甚麼發明吧。

交通的發明

蒸汽火車

世界第一列蒸汽火車是由英國的理查·特里維西克製造，並於 1804 年 2 月進行測試。

由一台重 4.5 噸的蒸汽火車頭牽引着五節車廂，車廂內載着 70 名乘客和 10 噸鐵，沿着 9 公里長的礦車用鑄鐵軌道行駛，最終用了 4 小時 5 分鐘抵達目的地。

至於第一列商用蒸汽火車則由喬治·史蒂文生製造。

機車一號是世界上第一列在公共鐵路上行駛的蒸汽火車。

1825 年 9 月，史蒂文生親自駕駛機車一號，以每小時 15 公里將 450 名乘客運送到 25 公里外的目的地。

福爾摩斯經常乘火車來往各地查案，在第 30 集《無聲的呼喚》中，他就與華生和沃德乘火車往案發現場，追捕犯人布烈治。

歷史上首宗鐵路事故

1830 年，在利物浦・曼徹斯特鐵路通車儀式上，一列名為火箭號的火車撞到了站在路軌上的利物浦議員威廉・赫斯基森。他隨即被送往附近小鎮搶救，最終不治。

蒸汽船

第一艘蒸汽船早在 1783 年已經製造出來了，但直至 1807 年由美國工程師羅伯特．富爾頓製造的商用外輪式蒸汽船北河號（又稱克萊蒙特號），才真正為人所熟悉。這艘船配備了英國最先進的雙作用瓦特蒸汽機，以蒸汽發動機帶動明輪旋轉，向前推進。

1807 年 8 月 10 日，載有 40 名乘客的北河號由紐約港出發，在連續航行 32 小時後，最終駛進了 240 公里外的奧爾巴尼港，航行時間比帆船少三分之一。

英國歷史上重要的蒸汽船

大不列顛號

不僅是當時世界上最大的鋼製船，也是第一艘穿越大西洋的螺旋槳推進式蒸汽船。

大東方號

船身長達211米，配備了四個蒸汽引擎，需要二百多名燒煤工人輪班工作以提供動力。

1843  1858 1860

皇家勇士號

世界第一艘蒸汽鐵製巡防艦，採用當時非常流行的風帆和蒸汽混合動力。

《大偵探福爾摩斯》系列也多次出現蒸汽船，如第39集《綁匪的靶標》中的貨輪馬齊號。

汽車

雖然達文西有製作汽車的構想，但要到 1830 年英國才開始大量生產蒸汽車。

世界第一輛蒸汽車是由法國軍事工程師尼古拉·約瑟夫·居紐製造，最初是用來運載大砲。它的最高時速不足 4 公里，而且每 15 分鐘就要加一次水。

↑車上有個大鍋爐和兩個氣缸，當鍋爐內的蒸氣進入氣缸，帶動活塞轉動前輪，就能推動汽車前進。

在製作蒸汽火車前，理查·特里維西克已成功製造第一輛載人蒸汽車——倫敦蒸汽馬車。由於要在車尾放置高壓蒸汽機，所以它的車身較高，而且還需要兩名司機，一人駕駛，另一人燒煤。

1770

1803

小知識 歷史上第一宗車禍

由於這輛車的車身笨重，加上操作困難，最終在試車時發生意外，撞向了兵工廠的一堵牆。幸好沒有造成傷亡，不過車子損毀嚴重，需要報廢。

由英國的斯瓦底·嘉內爵士製造，是世界第一輛蒸汽公共汽車，最多可載十八人，主要往來告羅士打和卓特咸兩地。僅營運四個月，就已經運載了 3000 多名乘客。

法國物理學家普蘭特發明了鉛酸蓄電池，終讓汽車發展有所突破。

1825 — 1859 — 1886

至於世界公認的第一輛靠內燃機發動的現代汽車——賓士一號，是由德國工程師卡爾·賓士製造，當時被稱為「不用馬拉的車」。

你知道歷史上第一個駕駛汽車的人是誰嗎？她就是賓士的太太——貝爾塔。

自行車

1790

自行車起源最早可以追溯到1790年的「木馬輪」，騎車時要用雙腳蹬地前行。

1817

德國的卡爾．德萊斯在木馬輪的前輪上安裝了一個控制方向的把手，不過騎車時仍然要用雙腳蹬地前行。

1861

蘇格蘭鐵匠麥克米倫早已發明了踏板，但直至巴黎鐵匠米修父子將踏板安裝在前輪上，才製造出一輛用雙腳交替踩動而行的兩輪自行車。

1885

第一輛安全自行車是由英國機械工程師約翰．斯塔利製造，它利用鏈條和齒輪驅動後輪，令騎車者更易保持平衡。他的設計與現代自行車差不多。

地下鐵路

1863 年 1 月 10 日，世界第一條地鐵線——倫敦大都會線正式通車。全長 5.6 公里和只有 6 個站，在通車的第一天，就有四萬人試乘地鐵。

最初的地鐵是以蒸汽引擎驅動，行駛時會冒出大量帶有硫磺味的煙，所以站內的空氣非常差，候車乘客經常感到不適。

記錄的發明

照片

世界上第一張照片是由法國的約瑟夫·尼塞福爾·涅普斯於 1826 年所攝。當時他用了將近 8 小時曝光，才拍下這張名為《在萊斯格拉的窗外景色》的照片。

這張照片是涅普斯在家中閣樓拍攝，左邊是鴿子籠，中間是倉庫屋頂，右邊是屋的一角。由於長時間曝光，照片上的影像模糊不清。

這張照片黑漆漆的，甚麼也看不到啊！
這圖的複製品用了水彩潤色，力求真實地還原照片。再看一次吧，這次能看得清楚了。
鴿子籠
屋子
倉庫屋頂
窗
窗

你知道最初的照片是怎樣拍攝的嗎？

當然是用相機來拍攝的。

暗箱（Camera Obscura）

又稱暗盒，是相機的前身。與現代相機比較，它的結構非常簡單，只有感光材料、光圈和鏡頭。

日光蝕刻法（1826年）

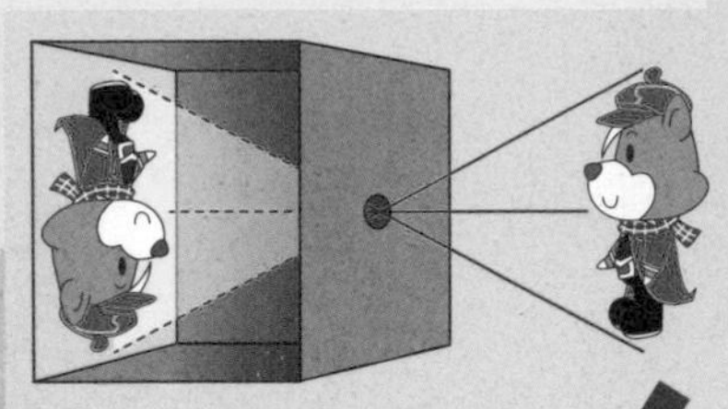

在一個密不透風的箱子裏，鑿一個小孔讓光線進入。當物體反射的光線經過小孔，聚焦在箱內的金屬板上，就會呈現出與實物上下顛倒、左右相反的影像。

銀版攝影法（1835年）

用水銀將影像顯影出來，再用鹽水定影，曝光時間大幅縮短至 30 分鐘。

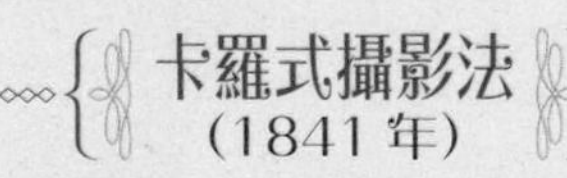

卡羅式攝影法（1841年）

可以透過底片大量複製照片，而且曝光時間縮短至一至兩分鐘。

動畫

1872 年，美國富商利蘭・史丹福與友人打賭，認為馬匹跑動時有一瞬是四腳離地。由於單憑肉眼確實難以看得清楚，於是他委託英國攝影師埃德沃德・邁布里奇用攝影技術來證明他是對的。

那時候的相機還未有連拍功能，邁布里奇於是想到在跑道的一邊並排放置 12 部相機，每部相機的快門繫着一條金屬線。當馬跑過時就會將線扯斷，從而觸發快門拍下照片，這樣就能捕捉到馬跑步的細節。

後來，邁布里奇發現將多張連續動作的照片放在一起，就能製成影片。這種以靜態影像捕捉動態畫面的拍攝方法稱為「連續定格攝影」。

邁布里奇證明了馬匹跑動時四腳確實會同時離地，所以史丹福贏得了賭注。
想不到一場賭局竟然促成了動畫的發明哦。

留聲機

愛迪生在改良電話的過程中，發現可以利用錫箔包覆的滾筒來記錄聲音，經過反復試驗，終於在 1877 年 12 月發明了圓筒型留聲機，並成功錄製和播放聲音。

《瑪莉有隻小綿羊》就是愛迪生為了測試而唱的歌，而這段只有八秒的錄音也成為人類歷史上首次被記錄下來的聲音。

雖然愛迪生發明了留聲機，但第一部能播放唱片的圓盤型留聲機是由德國工程師埃米爾·貝林納在 1888 年發明的。

留聲機是一台既可錄音又可播放聲音的裝置。

小綿羊，小綿羊，

生得真漂亮……

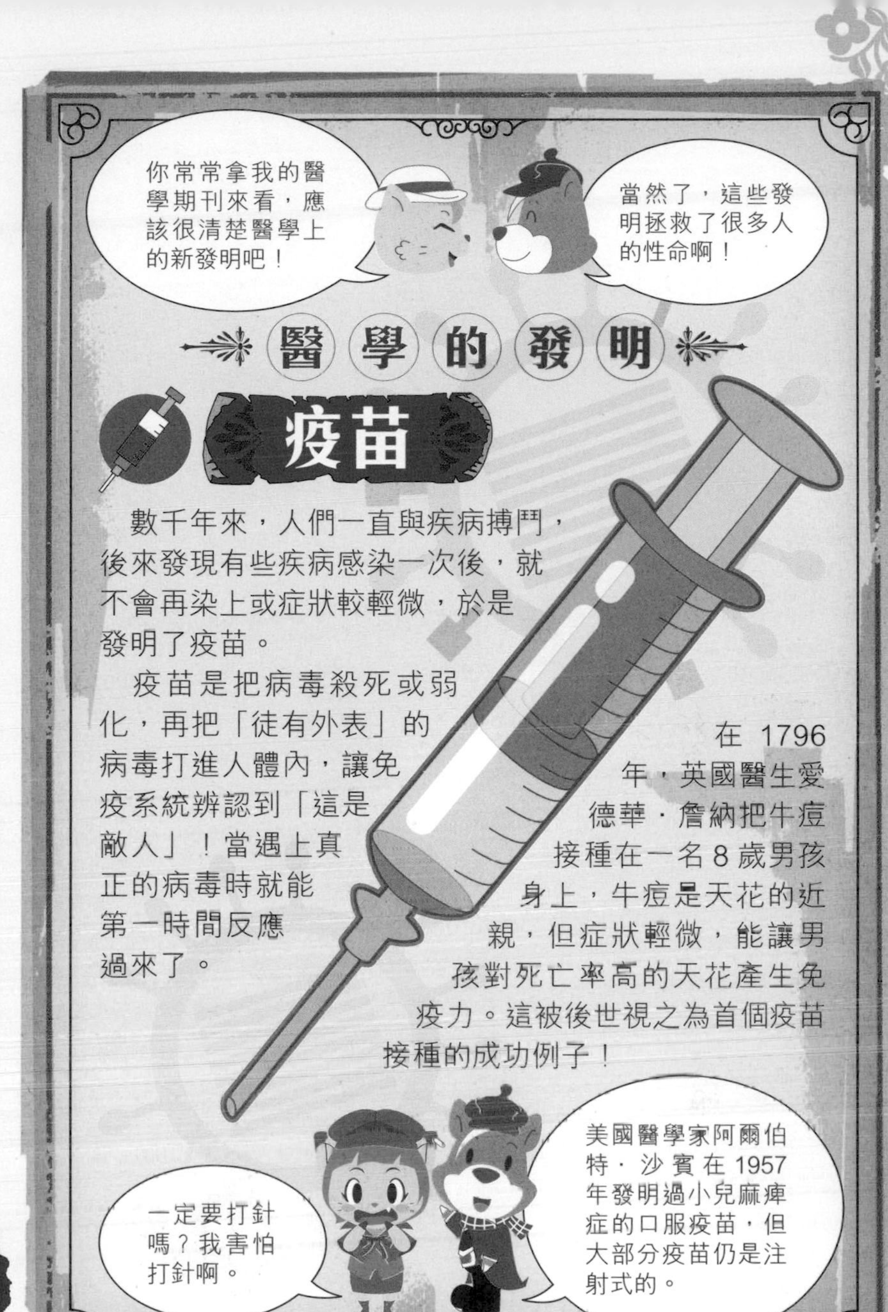

你常常拿我的醫學期刊來看，應該很清楚醫學上的新發明吧！
當然了，這些發明拯救了很多人的性命啊！
一定要打針嗎？我害怕打針啊。
美國醫學家阿爾伯特・沙賓在 1957 年發明過小兒麻痺症的口服疫苗，但大部分疫苗仍是注射式的。

醫學的發明

疫苗

數千年來，人們一直與疾病搏鬥，後來發現有些疾病感染一次後，就不會再染上或症狀較輕微，於是發明了疫苗。

疫苗是把病毒殺死或弱化，再把「徒有外表」的病毒打進人體內，讓免疫系統辨認到「這是敵人」！當遇上真正的病毒時就能第一時間反應過來了。

在 1796 年，英國醫生愛德華・詹納把牛痘接種在一名 8 歲男孩身上，牛痘是天花的近親，但症狀輕微，能讓男孩對死亡率高的天花產生免疫力。這被後世視之為首個疫苗接種的成功例子！

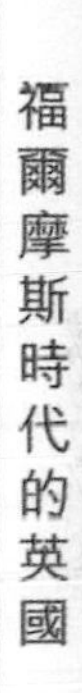

小知識

人類的救星——沃爾德瑪・哈夫金

在十九世紀末年，哈夫金在兩次瘟疫中分別發明了霍亂疫苗和鼠疫疫苗，並在印度展開大規模接種，使病發率大大降低，拯救了成千上萬人的生命，得到「現代外科學之父」李斯特醫生讚譽為「人類的救星」。

ABO血型

在發現 DNA 前，血液對查案非常重要，而血液最常見的分類 ABO 血型，則是由奧地利細菌學家卡爾・蘭德施泰納發現的。

他在 1901 年發現了人們輸血後，血液會在血管裏凝結。他根據血液中的抗原，分成 A 型、B 型、AB 型及 O 型，也因此而得到諾貝爾生理醫學獎。

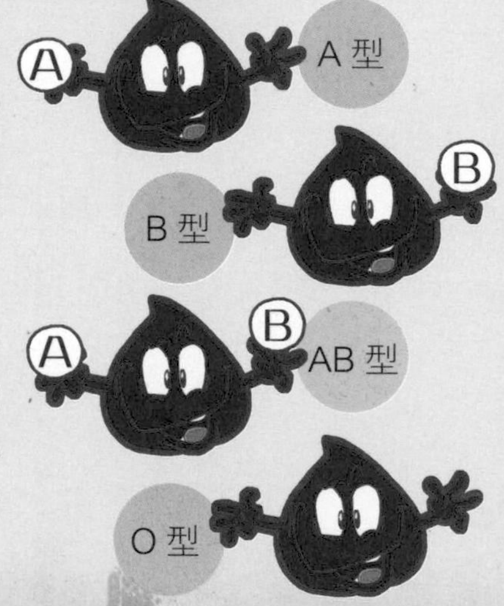

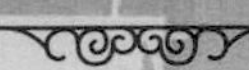

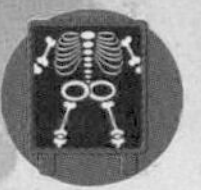

X光

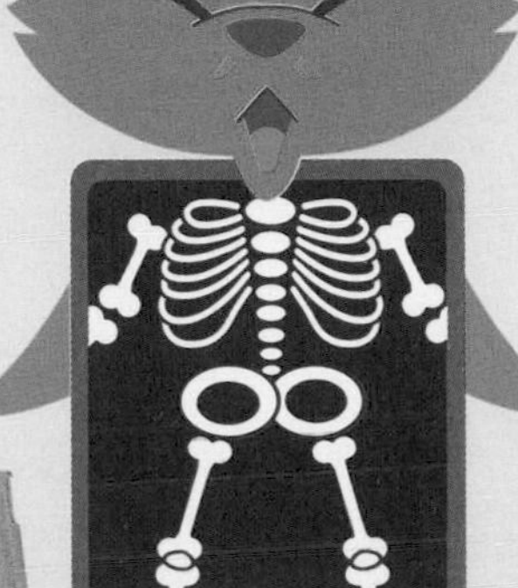

在 1895 年，德國科學家威廉．倫琴在研究陰極射線時，意外發現一種高能量的光線，他稱這種肉眼無法看到的神秘光線為「X 光」。他嘗試把手放在這光線路徑與感光紙之間，感光紙上竟出現了穿透皮膚的骨骼圖像！

←倫琴用 X 光拍攝到的左手圖像，骨骼和戒指因無法被 X 光穿透，呈現黑色。

這實驗結果震驚當時科學界，亦開始有人研究 X 光的實際應用。既然它能透視骨骼，不就能隔着皮膚檢查骨折狀況嗎？沒多久就有人發明了第一部醫療用的 X 光機。

倫琴因為發現 X 光，獲得首屆諾貝爾物理學獎，亦被後世譽為「診斷放射學之父」。

在十九世紀中期，醫生在做手術前不會洗手，導致病人常常受到感染，手術後因併發症死亡。

1847

匈牙利醫生伊格納茲·塞麥爾維斯首先注意到醫科生接生的孕婦和嬰兒死亡率竟然比助產婦更高！他調查後發現醫科生剛解剖完就去接生，故建議手術前要洗手，可惜失敗了。

有說醫生抗拒改革，是不想承認自己是導致病人死亡的原因。

1865

英國的約瑟夫·李斯特醫生發現手術過程清潔能減低病人受感染的風險，故提出要消毒手術用具及洗手、消毒傷口後綁上乾淨的繃帶等。儘管當時這提議並未受到大部分醫生重視，但李斯特醫生在自己的手術中堅持這做法，使手術成功率大增，吸引一些醫生仿效。

基於李斯特醫生的建議，再經過多年改良，就成為現代手術前消毒的固定程序了。

改善生活的發明

電燈泡

一般認為是愛迪生發明電燈泡，其實那是前人累積了數十年經驗的成果。

早於 1801 年，英國化學家戴維嘗試將鉑絲通電，令它發光。到了五十年代，德國發明家亨利．戈培爾把炭化竹絲放到真空瓶中，通電發光，可說是第一個能實際應用的電燈泡，可是戈培爾並未為發明申請專利。

哈哈！有了電燈泡，
福爾摩斯的燈油知識
就沒有用了吧！

那時候電燈還未
普及，大家還在
用油燈啊。

約在 1875 年，英國發明家約瑟夫．斯萬以更好的技術製作了炭絲燈泡，並在英國取得專利。

差不多同一時間，兩名加拿大電氣技師研究在注滿氮氣的玻璃瓶中放入炭桿，再通電發光。他們在申請專利後，沒有足夠金錢繼續研究，所以把專利賣給大家熟悉的湯瑪斯．愛迪生。

→愛迪生第一個成功製作的電燈泡。

斯萬和愛迪生兩人各自進行改良研究，本來是相安無事的。但當愛迪生想進軍英國時，因斯萬在英國已取得專利，二人曾為此對簿公堂。最後兩家公司合併，並照亮了世界。

高樓大廈

因受制於當時的建築材料及技術，以前的建築物只有兩三層高。

1871 年 10 月，美國芝加哥發生了一場規模前所未有的大火災。因當時正值乾旱少雨，加上建築物多用木造，令一場小火火勢一發不可收拾，造成大量建築物焚毀和人命傷亡。

←美國藝術家製作的版畫，描述了大火發生時，人們慌忙逃生的情景。

及後，芝加哥政府在重建時，考慮到城市規劃和節省用地，採用了新建築技術，令建築物可建得更高，容納更多人。

隨着煉鋼技術愈加成熟，同時建築師也把鋼運用在建築物上，讓建築物本身變輕的同時，能承載的重量增加，令建築物愈建愈高。

美國芝加哥的家庭保險大廈被視為第一幢高樓大廈。它建於 1885 年，樓高十層，共 42.1 米。之後在 1891 年加建了兩層，達到 54.9 米。

只有 10 層也算是高樓大廈嗎？
當時升降機還未普及，所以建築物最多只有 5、6 層高啊。

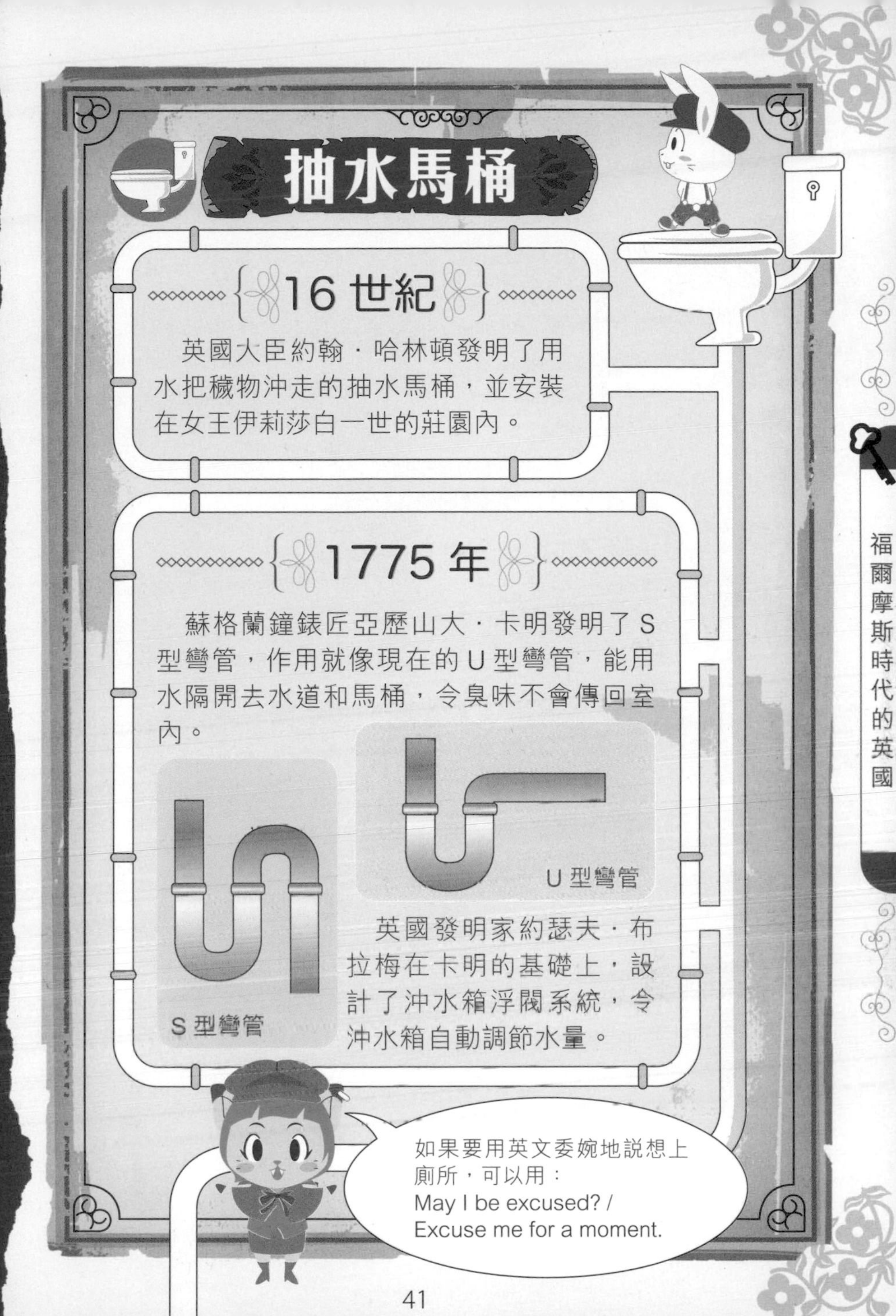

抽水馬桶

16 世紀

英國大臣約翰·哈林頓發明了用水把穢物沖走的抽水馬桶，並安裝在女王伊莉莎白一世的莊園內。

1775 年

蘇格蘭鐘錶匠亞歷山大·卡明發明了S型彎管，作用就像現在的U型彎管，能用水隔開去水道和馬桶，令臭味不會傳回室內。

英國發明家約瑟夫·布拉梅在卡明的基礎上，設計了沖水箱浮閥系統，令沖水箱自動調節水量。

如果要用英文委婉地說想上廁所，可以用：
May I be excused? /
Excuse me for a moment.

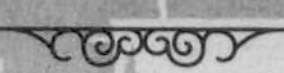

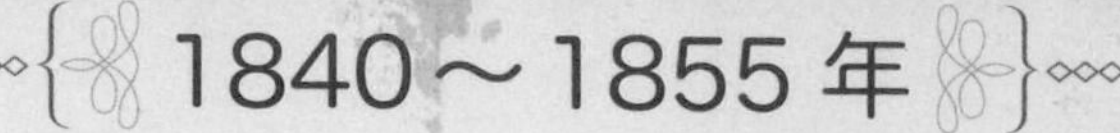

1840～1855年

英國水電技工湯馬斯·克拉普對馬桶作出了多項改良，更成立了銷售廁所用品的公司。在他大力宣傳下，廁所不再是公開場合難以談論的忌諱，使馬桶愈來愈普及。

1848年

英國頒佈公共衛生法，規定家家戶戶必須安裝馬桶，可是這善意的法令卻令倫敦發生史無前例的惡臭。

小知識 大惡臭

在十九世紀，倫敦本來建有排水系統處理雨水，可是不少人安裝馬桶後，把污水接駁至排水渠，再加上大量工廠廢水，這些未經處理的污水全都直接流入泰晤士河。

在1858年的炎熱夏天，細菌在不勝負荷的泰晤士河裏大量滋生，令附近變得愈來愈臭，細菌甚至污染了人們的飲用水，導致在貧民區爆發霍亂。

↑《大偵探福爾摩斯㊻幽靈的地圖》就是根據這段歷史改編而成。

TOXIC! DON'T DRINK!

與福爾摩斯有關的重要發明

與你有關即
是關於查案
的吧？
對，是我很
常用的方法
呢！

指紋法

公元前 200 年

埃及人和中國人已經知道，每個人的指紋都是獨一無二，並用在確認身份上。但卻沒人分析過指紋的種類，也不曾搜集整理。

1858 年

威廉·赫雪爾男爵在印度工作時，要求人們在文件上打上手印或指紋，他發現造假和冒認的情況竟然減少了，遂開始研究文件上的指紋，其後把成果寫成《指紋學》一書。

★圖中隱藏了三個指紋，各位能否把它們全部找出來呢？

1858 年

蘇格蘭醫生亨利·福爾茲旅居日本時發表了一篇關於指紋的論文，當中提及指紋可以用在查案上。他在 1886 年回英國後，向倫敦警察廳建言，但遭拒絕。

1891 年

阿根廷警官胡安·烏切蒂奇在囚犯檔案中加入指紋，建立了世界第一個罪犯指紋資料庫。翌年，阿根廷一個小鎮中發生謀殺案，警察在門框上發現一個血指紋，最終靠這指紋令兇手認罪，可說是第一個以指紋破案的謀殺案。

嘩！這些發明真的影響我們很多啊！
Welcome
對，大家覺得最有用的是甚麼呢？

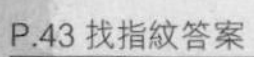
P.43 找指紋答案：

你們知道19
世紀的英國
人是吃甚麼
菜式的嗎？

維多利亞時代的飲食文化

福爾摩斯所處的年代正是英國維多利亞女皇的統治時期（1837-1901 年），亦稱為「維多利亞時代」。

當時工業革命正處巔峰，經濟起飛，但同時貧富懸殊情況亦為嚴重，上流社會生活奢華，勞動階層仍住在茅屋草舍，這個在飲食方面也能反映實況。

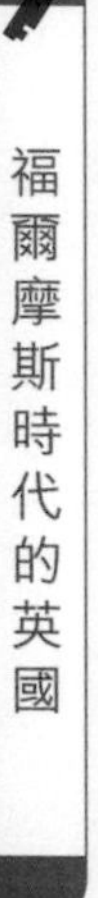

英國人的一日三餐

早餐

英國人最重視的一餐，上流貴族視作炫富手段，會穿着華貴地享用豐盛的早餐；勞動階層為應付體力工作，會以麵包、牛奶、燕麥粥、剩肉等充填肚子。

午餐

吃罷豐盛早餐，午餐就不會那麼講究了，通常以輕食為主，例如三文治、沙律、馬鈴薯。

晚餐

英國人的晚餐用餐時間較晚，有時會附帶在宴會中一併進行，菜式豐富，有湯、肉、布丁等。

Dinner 可以是午餐？Tea 不一定指下午茶？

我們一般以為 Dinner 等於晚餐，Tea 等於下午茶。但在英國，看居住地區不同，晚餐 (Main evening meal) 有可能被稱為 Tea。普遍而言，居住在英國北方的人，會偏向稱晚餐為 Tea，而南方的人則會稱晚餐為 Dinner。有指這種分野源於以往北方比較多勞動階層，而南方則比較多富裕階層，但至今並沒定論。

事實上，在沒有電力的年代，農民習慣一天只吃兩餐，也就是 Breakfast 和 Tea/Dinner。但到了工業時代，因為工時長，工人為了維持體力，中午必須吃午飯才能應付工作，而晚餐也推遲到下班後回家才能吃。因此才逐漸形成了現今一日三餐的習慣。

福爾摩斯你早餐會吃甚麼？

為免影響腦部思考，我比較少進食。早餐的話，都以多士、蛋、咖啡為主。

你豈不是很少吃傳統英式早餐？

英式早餐

起源

源自 13 世紀的英國貴族，這不僅是他們的傳統，也是向客人炫耀財富的方式，因為食材取自自家土地。及至維多利亞時期，工業革命帶動中產階級崛起，他們也開始模仿貴族的生活方式，自此一頓豐盛的英式早餐就成為英國人一天的動力來源。

有愛好者更成立「英式早餐協會」，致力推廣傳統早餐文化呢。

基本材料（按地域及年代略有差異）

❶咖啡、茶或橙汁
❷多士 ❸煙肉
❹焗豆 ❺番茄
❻雞蛋 ❼黑布丁
❽香腸 ❾薯餅

黑布丁是甜品嗎？

不，它是由豬血、肉碎、燕麥等製成的黑色香腸，是英國傳統食品。

＊基本的英式早餐也包含蘑菇的啊！

特點

高熱量：除了食材豐富，也因為烹調方式多為煎或炸，往往一份早餐就有 1300 卡路里。

全日供應：如今英式早餐已不是早晨專利，很多酒店及西餐廳都會全日供應這種分量十足的餐點。

英國菜的飲食特色

食材局限	受地理條件影響，英國的漁業和農業並不發達，食材及調味料多依靠外國進口，菜式較為局限，主食有馬鈴薯、牛肉、家禽等。
烹調簡單	英國人提倡保持食材原味，所以在調味和烹調上都以簡單為主。

福爾摩斯你吃早餐的分量不像個英國人呀。

誰說？在《福爾摩斯回憶錄》內的短篇小說「海軍協約」中，房東太太曾為我準備咖喱雞做早餐呢。

在《大偵探福爾摩斯⑤銀星神駒失蹤案》中也出現過咖喱呢，它更成為破案關鍵。

↑馬僮猴特吃了混有鴉片粉的咖喱，弄至不省人事。

↑福爾摩斯：「因為只有辛辣的咖喱才能消除鴉片那股強烈的味道……」

英國將咖喱發揚光大？

17 世紀，由倫敦商人成立的「東印度公司」在印度進行貿易生意，18 世紀印度成為英國殖民地，自此英國開始深受印度文化影響。

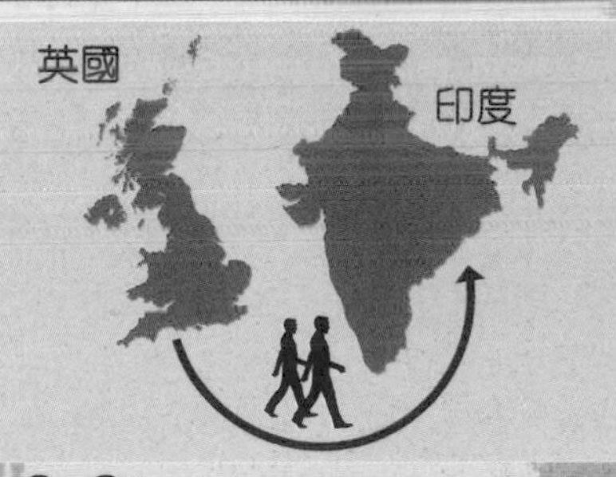

18世紀末，回流家鄉的英國人將印度香料帶回國，不但為清淡的英國菜增添味覺刺激，用香料醃肉更可延長肉類的保質期（當時還未有雪櫃）。

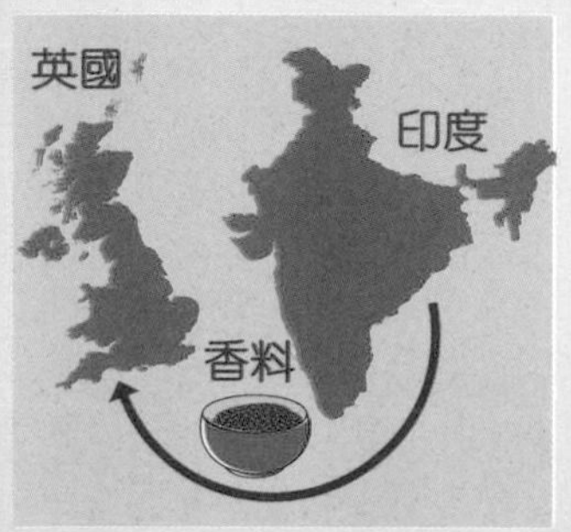

印度並沒有一道叫「咖喱」的菜式，這是英國人將印度的「kari」（將多種香料混成的醬與肉、菜一起燉煮）演化成「curry」，更發明了咖喱粉，一道烤雞咖喱（chicken tikka masala）地位更超越炸魚薯條，成為英國國菜。

英式咖喱 VS 日式咖喱

- 由印度傳入。
- 偏印度式，但過程較簡化，以咖喱粉代替多種香料製作，香辛味濃。
- 伴飯、烤餅。

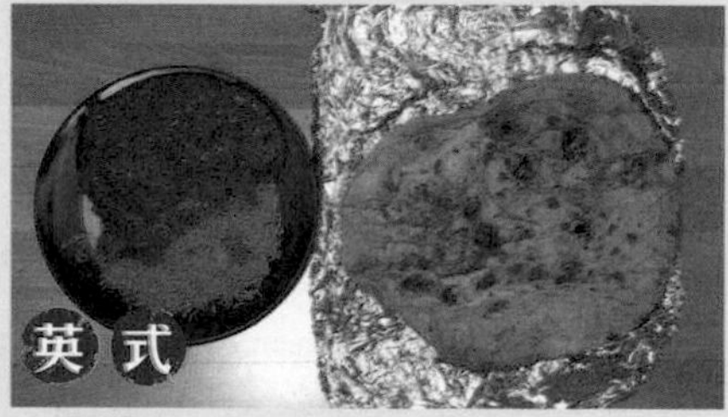

VS

- 由英國海軍傳入。
- 自家改良，加入多種蔬菜及水果泥熬煮，味道偏甜。
- 伴飯、烏冬、拉麵甚至製成湯咖喱。

愛麗絲料理教室

燕麥粥食譜

燕麥是英國蘇格蘭主要糧食，燕麥粥則於 18 世紀誕生，基本以麥片、水或牛奶、蜜糖煮成，簡單易做且富營養，是當地早餐之選。

所需材料（1 人分量）	
燕麥片	80g
牛奶或水	300ml
蜜糖	適量
水果（按喜好）	適量

❶在鍋內加入燕麥片及牛奶（或水），以小火加熱，稍微攪拌。

*使用爐具時，須由家長陪同。

❷約煮 2 分鐘至濃稠狀態。

❸將燕麥粥盛起，加入蜜糖及水果同吃。

炸魚薯條（fish and chips）的薯條英國人稱為 chips，而不是 french fries 啊！
鱈魚

炸魚薯條

起源

19 世紀鐵路發展開始蓬勃，從海港捕到的新鮮漁獲可快速送到市中心，加上居英的猶太人將炸魚技術帶到英國，1860 年首家由猶太人主理的炸魚薯條店就此誕生。

因為分量多兼且便宜，炸魚薯條很快便成為勞動階層的果腹恩物。當時一般以外賣模式經營，炸魚薯條做好後以報紙包裹。現在很多餐廳都會兼賣此菜式，而外賣店改以白紙、塑膠盤等盛載奉客。

做法

將鱈魚、鰈魚或鰩魚等白身魚去骨，裹上由麵粉和水（有時用啤酒代替，麵衣更酥脆）調成的粉漿，再下油炸至金黃。炸魚一般配鹽及醋同吃。

炸魚薯條與宗教

英國聖公會信眾為紀念耶穌受難，星期五不會吃恒溫動物的肉，改以海鮮代替，所以星期五光顧炸魚薯條店的人特別多。

英式下午茶

《大偵探福爾摩斯 逃獄大追捕》電影版中，福爾摩斯和華生到高級餐廳喝下午茶，為的就是打聽俠盜白旋風的下落。

英式下午茶可說是英國最具代表性餐點呢！

起源

英國人一向比較遲吃晚飯（一般8、9點），1840年公爵夫人貝德芙有感下午時間長，在百無聊賴下，便吩咐女僕於5點左右準備紅茶、點心，以打發時間和果腹。後來她更邀請朋友來家中共享下午茶，自此穿戴華貴地喝下午茶便在貴族圈子風行，更成為一種社交方式。

其後從維多利亞女皇的推廣，到茶葉逐漸普及，下午茶便成為普羅大眾悠閒放鬆時的重要環節。

	Low tea（或 Afternoon tea）	High tea
階級	貴族	勞動階層
用餐時間	約 4 點	約 6 點
特色	坐在矮桌椅上享用（故名「Low」）	坐在高枱及高腳椅進食（故名「High」）
食品	三文治、鬆餅、蛋糕等	麵包、肉類等

所以現在多數在酒店或餐廳吃到的都是 Low tea，別誤以為 High tea 就是高檔的下午茶囉！

還有一種叫 Cream tea

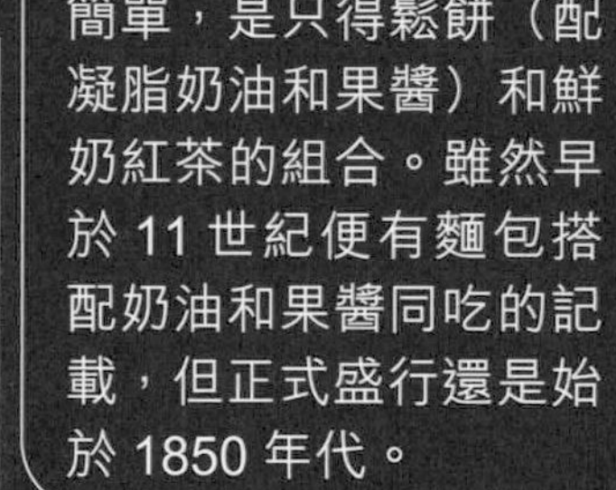

Cream tea 相對地簡單，是只得鬆餅（配凝脂奶油和果醬）和鮮奶紅茶的組合。雖然早於 11 世紀便有麵包搭配奶油和果醬同吃的記載，但正式盛行還是始於 1850 年代。

福爾摩斯時代的英國

大偵探 探究系列

福爾摩斯

SHERLOCK HOLMES

資料大全 2

製作方法參考書內 P.140

3

4

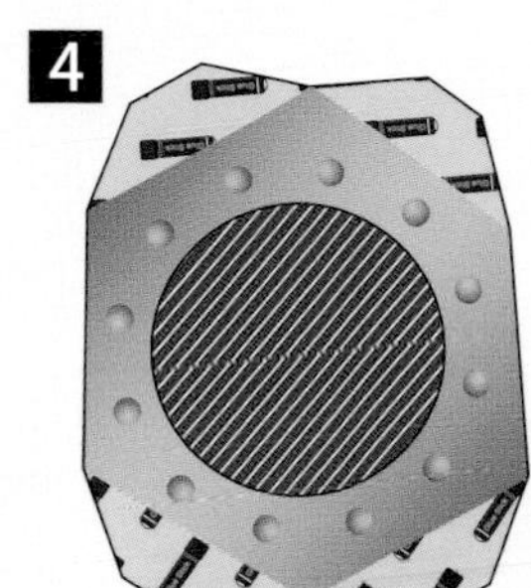

3

2

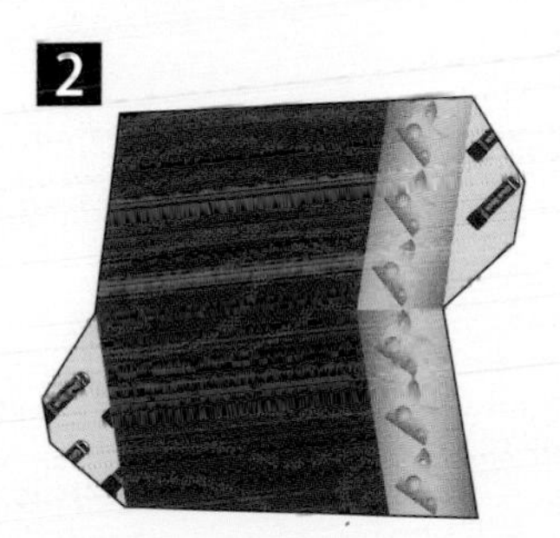

2

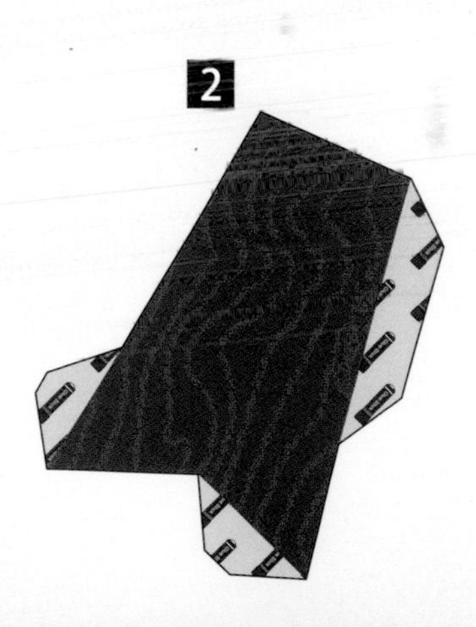

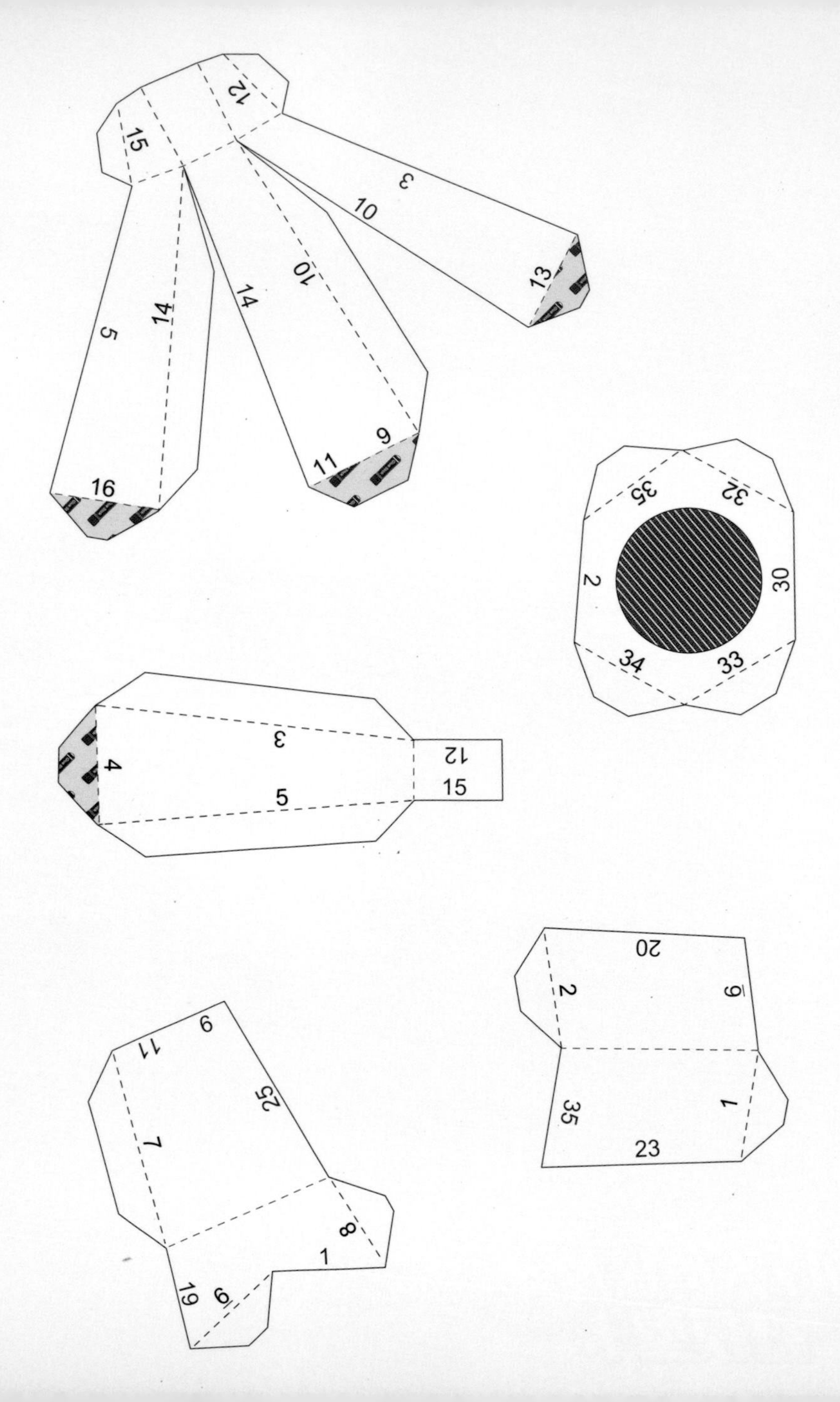

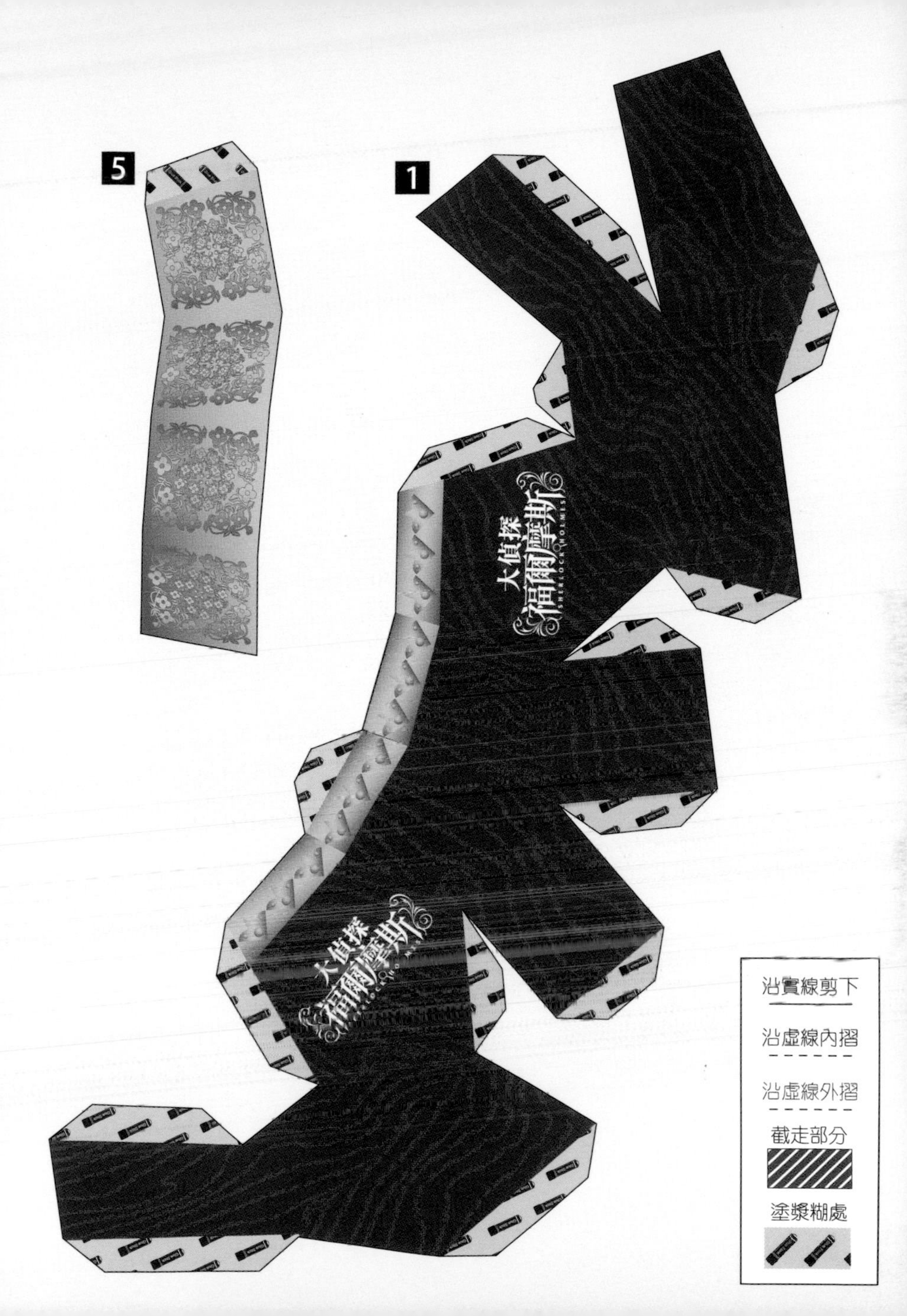
5
1
大偵探福爾摩斯
SHERLOCK HOLMES
大偵探福爾摩斯
沿實線剪下
沿虛線內摺
沿虛線外摺
截走部分
塗漿糊處

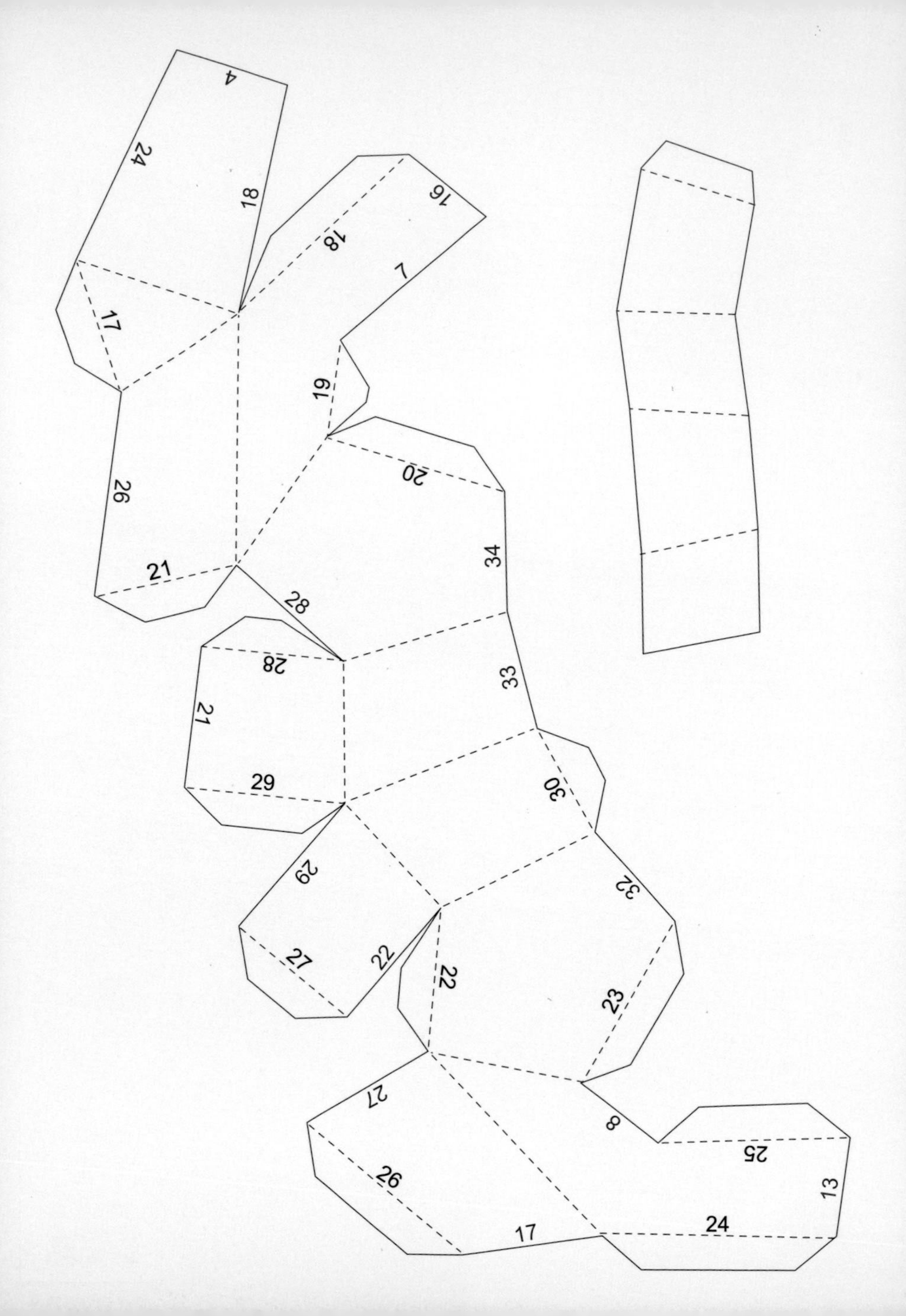
4
24
18
16
18
7
17
19
20
26
34
21
28
28
33
21
29
30
29
32
27
22
22
23
27
8
25
26
13
24
17

下午茶怎樣吃？

傳統英式下午茶多盛於三層架奉上，主要是精緻小巧的點心。三層點心由上而下分別是：

上層：
甜點，通常是蛋糕、水果撻等，可用手直接拿來吃。

中層：
鬆餅，從中間橫切開後，塗上果醬及凝脂奶油享用，吃一口後再塗抹。

下層：鹹點，一般是三文治、鹹批之類，三文治會做成手指般的一口大小（故名 finger sandwiches），餡料有三文魚、青瓜等。

吃法：由下至上，由鹹到甜享用。

餐具及擺設

貴族享用下午茶不僅為果腹，也追求視覺及心靈享受，所以正統英式下午茶對餐具的選用及擺設也非常講究。

餐具 多選用瓷器或銀器等高級餐具，件數亦多，包括茶壺、茶杯、茶杯碟、濾網、茶匙、茶刀（塗果醬及奶油）、叉、糖罐、奶盅、7 吋點心碟等。

- 茶壺一般選用較胖的茶壺，內部空間大可充分發揮茶香，保溫效果亦佳。
- 茶杯多印有植物或花卉圖案，杯身薄，開口大，方便觀看茶的色澤及嗅其香氣。

↑↓三圖源自《Mrs. Beeton's Book of Household Management》。

中譯《畢頓夫人的理家守則》或《居家管理手冊》，1861 年出版，由著名管家畢頓夫人編著，記載家居管理、省錢大法及健康食譜，是當時最暢銷書籍之一，後來的人更推出多個修訂版。

擺設 除了以上的基本配備，還有蕾絲或繡花餐巾、鮮花、砂漏（計算泡茶時間）、蠟燭等裝飾，配上美妙音樂，為下午茶營造寫意氛圍。

現在的英式下午茶已不再那麼講究，配件簡化了很多呢！

下午茶的禮儀

昔日要享用一頓正宗英式下午茶，不僅茶種、食物、食器，就連禮儀亦非常講究，這樣才配襯得起貴族的修養及儀態。

女主人招待

下午茶多數在貴族家中客廳或花園進行，侍客通常由穿上正裝的女主人負責。

茶杯及茶匙擺法

茶杯要放在茶碟上，杯耳在右方，茶匙則在杯耳下方呈 45 度角。

攪拌茶的動作

如果要將奶和茶混合，不可以打圓圈的方式用茶匙攪拌茶，要從杯的 6 點鐘位置劃向 12 點鐘方向來回攪動。

拿茶杯的方法

手指不可穿過杯耳，只可用拇指和食指捏住杯耳，尾指稍為伸出以便平衡，而另一隻手則在茶杯下方端着茶碟。

英式茶

你認為下午茶最重要元素是甚麼？

下午「茶」最重要當然是茶啦。

英式茶的興起

17 世紀初，荷蘭商人將東方（包括中國及印度）茶葉引進英國，1662 年，愛茶如命的葡萄牙公主凱瑟琳帶同逾二百磅茶葉下嫁英國國王，品茶活動漸次興起。由於運費及税款高昂，所以當時的茶葉是奢侈品，喝茶也成為上流社會的身份象徵。

英國人有多愛喝茶？

品茶風氣普及後，不少原本喝咖啡的英國人轉喝較健康的紅茶。一天裏頭，他們更會喝四次或以上的茶。

晨間茶 / 床邊茶：昔日英國人睡醒就會在床上喝紅茶暖身和提神，就連在《獅鬃毛》一案中，福爾摩斯退休隱居後也過着這樣的生活呢。

早餐茶：伴早餐同吃，通常會選較濃味的茶以解油膩，例如錫蘭茶。

十一時茶：介乎早餐與午餐之間，在工作之餘稍作休息。

午餐茶：通常搭配一份簡單的三文治，茶味以清淡為主。

下午茶：英國人很重視的一餐，享用鹹甜俱備的點心，茶種選擇多變，有帶花香的英國早餐茶，有帶果味的大吉嶺和伯爵茶，也會選奶茶。

睡前茶：晚飯後喝，通常選不含咖啡因的花草茶。

紅茶變奶茶

英式茶多為紅茶，性溫味甘，暖胃消疲，被英國人奉為保健飲品。不習慣其苦澀味的，會加入奶和糖，成為奶茶。

17 世紀至維多利亞時期，茶葉身價好比黃金，而且薄身瓷器遇熱容易爆裂，所以昔日一般會先倒奶後加茶，只有有錢人為了炫耀財富和高級瓷器，才會先倒茶後加奶。

烤牛肉

曾在福爾摩斯《瀕死的大偵探》和《象牙與極樂鳥》（原著：《顯赫的顧客》）中出現的「辛普森餐廳」是倫敦著名餐廳，1828年開業至今，招牌菜是烤牛肉。

做法

將一大塊牛肉用鹽、胡椒等調味後，放進焗爐烘烤，食用時切片，佐以肉汁同吃。牛肉外層焦香，中心只有三至五成熟，質感軟嫩。

周日吃的烤牛肉

昔日英國家庭會在周日到教堂崇拜後，回家享用由烤牛肉、烤馬鈴薯、蔬菜、約克郡布丁組成的「周日烤肉（Sunday roast）」，與家人歡聚時光，至今仍有家庭維持此傳統。

在未有雪櫃的年代，要不浪費食物，隨後一兩天會將剩下的肉製成烤牛肉三文治，接近周末，剩肉會做成濃味的咖喱、燉湯、農舍批等以掩蓋牛肉的不新鮮。

約克郡布丁（Yorkshire pudding）

雖說布丁，但並非甜點，而是以麵粉、牛奶、雞蛋等製成的杯形鹹麵糰，質感像麵包。昔日肉類昂貴，一般英國家庭會將烤肉時滴下的肉汁伴以約克郡布丁作為晚餐頭盤墊墊胃，這樣便可少吃一點肉。現在則多在周日烤肉中作配菜。

吓？約克郡布丁像麵包，黑布丁原來是血腸，怎麼布丁都不是甜點？

英國有多種布丁，有鹹有甜，完全跟我們認識的布丁是兩回事啊！

顛覆印象的英國布丁

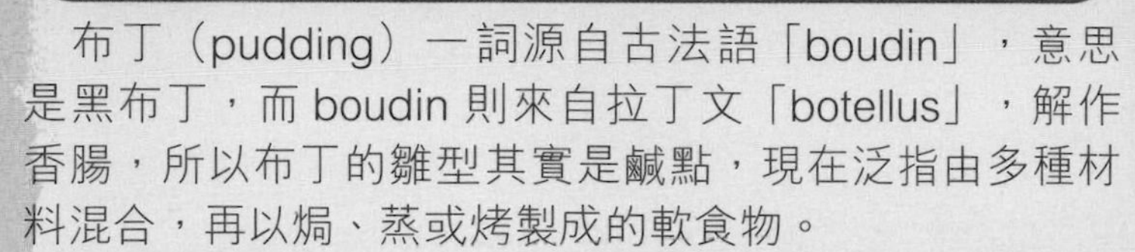

布丁（pudding）一詞源自古法語「boudin」，意思是黑布丁，而 boudin 則來自拉丁文「botellus」，解作香腸，所以布丁的雛型其實是鹹點，現在泛指由多種材料混合，再以焗、蒸或烤製成的軟食物。

在中古時期的英國，布丁是指以肉碎製成的腸，由 17 世紀開始，布丁才有鹹、甜之分，而所有英式甜點也可稱為布丁，所以英國布丁有多種形態和味道。

我們都是布丁

米布丁 rice pudding

由 16 至 17 世紀開始流行的飯後甜點，由米、牛奶及糖煮成濃稠狀態，在上面鋪上提子乾。

麵包布丁 bread pudding

昔日平民將已不新鮮的麵包浸泡牛奶或蛋漿，加糖及乾果後放進焗爐烘烤，成為簡單的廉價甜品。

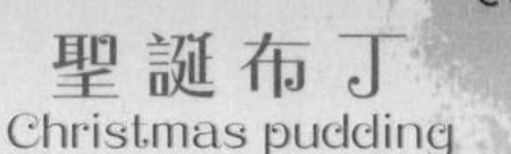

聖誕布丁 Christmas pudding

源自中世紀的蘇格蘭，是聖誕節的飯後甜點，傳統以13種材料混合蒸煮而成，象徵耶穌與12門徒，包括麵包、雞蛋、乾果、肉桂、酒、黑糖等，食用時澆上白蘭地後點燃。

↑《聖誕奇譚》中，克拉奇太太也在聖誕節做了聖誕布丁呢。

香橙布丁 orange pudding

以橙汁、麵粉、雞蛋、牛奶等蒸成，《大偵探福爾摩斯㊷連環殺人魔》中，愛麗絲也曾跟房東太太一同製作。

夏日布丁 summer pudding

維多利亞時期很盛行，屬少數的冷吃布丁。將切片麵包鋪在碗中，加入雜莓和煮成的果汁，放進雪櫃浸泡一晚而成。

索賽克斯池塘布丁 Sussex pond pudding

始見於17世紀，以酥皮包着牛油、糖蒸煮數小時，因切開後焦糖汁流出貌似池塘而得名，現代版本會將整個檸檬塞進布丁內。

烤牛扒三文治食譜

三文治源自 18 世紀的英國，當時三文治伯爵因沉迷玩樂而廢寢忘餐，其夫人研製出用麵包夾着餡料方便他進食，後來廣泛流傳後便以伯爵的名字命名。

餡料

款式千變萬化，最經典的組合有 BLT，即是煙肉（bacon）、生菜（lettuce）和番茄（tomato）。之前提及昔日吃剩的烤牛肉（P.60）會製成三文治，這個口味亦流傳至今。

我不會用吃剩的牛扒作示範的！

所需材料（2 人分量）	
牛扒	1 塊
車厘茄	5 粒（切半）
洋蔥	1 個（切條）
火箭菜 / 生菜	適量
麵包	4 片
沙律醬	3 湯匙
茄汁	1 湯匙
橄欖油	適量
鹽	適量
黑胡椒	適量
牛油	1 湯匙
水	2 湯匙

❶牛扒以 1 茶匙橄欖油、適量鹽及黑胡椒稍醃。

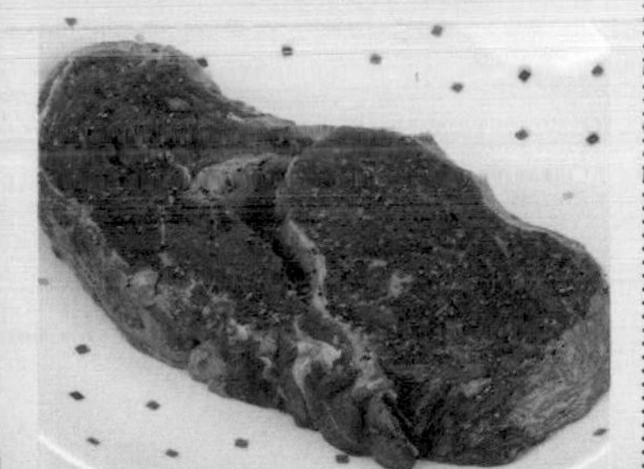

❷中火熱鑊下油，放入洋蔥，下適量鹽及黑胡椒拌炒，變軟身後加水慢炒至啡色，盛起備用。

* 使用爐具時，須由家長陪同。

❸中火熱鑊下油，放入車厘茄，下鹽炒熟後盛起備用。

❹大火熱鑊下油，放入牛扒慢煎一面，再翻面煎（每面約 1 分鐘），加入牛油煮溶，將牛油汁淋在牛扒上。

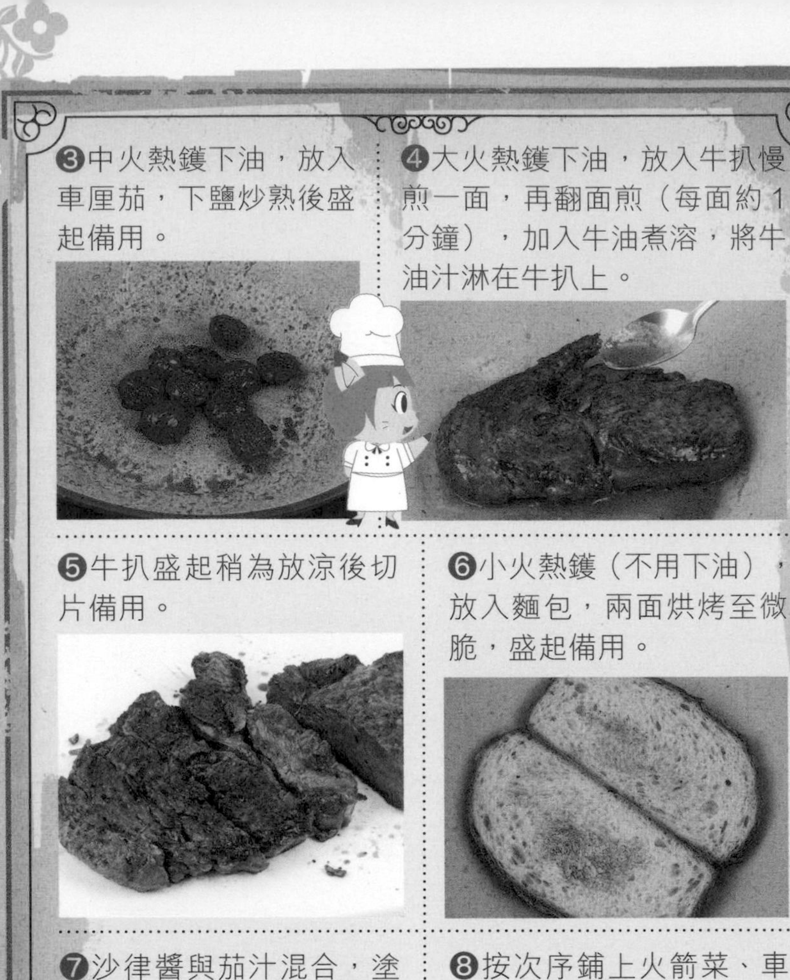

❺牛扒盛起稍為放涼後切片備用。

❻小火熱鑊（不用下油），放入麵包，兩面烘烤至微脆，盛起備用。

❼沙律醬與茄汁混合，塗在麵包上。

❽按次序鋪上火箭菜、車厘茄、牛扒、洋蔥，再蓋上另一塊麵包。

完成！

烤鵝

《大偵探福爾摩斯③肥鵝與藍寶石》及《聖誕奇譚》都在聖誕時出現過烤鵝這道菜式，是英國人昔日的節日傳統。

↑小兔子在街上拾到肥鵝，打算跟福爾摩斯在聖誕節享用。

↑克拉奇太太也準備了烤鵝跟家人歡聚聖誕。

鵝也有供會制度？

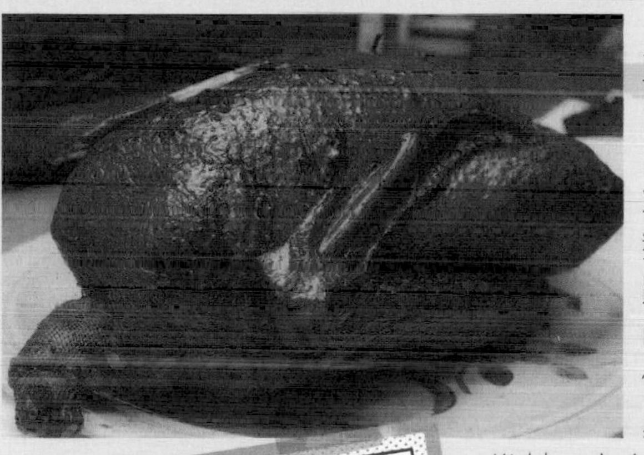

《肥鵝與藍寶石》中曾提及的「肥鵝會」就是一個供鵝會，模式跟我們以前的月餅會類似，只要每星期向餐廳繳付一定金額，到聖誕節就可拿走一隻肥鵝，讓當時的低收入家庭也可在節日好好慶祝一番。

做法

先去除頭、腳等，再取出內臟，按喜好將蘋果、馬鈴薯、栗子、肉碎等塞進鵝肚裏，再用繩固定形狀，然後放入烤爐烤焗約兩小時。

烤鵝附屬品——鵝肝批

昔日做烤鵝時取出的內臟也不會浪費，鵝肝會跟火腿、煙肉及碎肉等做成鵝肝批，在短篇《單身貴族案》中，福爾摩斯也曾以鵝肝批款客。

鵝肝吃多了難免有滯膩感！

柯南・道爾也曾說：「我對福爾摩斯的感覺就好像吃多了鵝肝醬一樣，現在一提到這個名字便會作悶」，來形容大量創作福爾摩斯故事的感想。

但讀者仍對福爾摩斯很感興趣呀！

對！不吃鵝肝，還可吃其他菜式呀！

威靈頓牛柳

來由

傳說 1815 年在滑鐵盧戰役中，為慶祝英國威靈頓公爵擊敗法國拿破崙凱旋而歸，廚師將公爵最愛吃的牛柳、鵝肝、松露等，用酥皮包起來焗製，兼且鵝肝是法國名物，吃下有打敗法國之意。這道菜式廣傳後不少餐廳爭相仿效，自此成為英國名菜。

做法

先將牛柳煎封，塗上芥末，再裹上鵝肝蘑菇醬，然後包裹巴馬火腿，最外層是酥皮，掃上蛋漿後烤焗至金黃，切開食用時可嚐到不同層次的口感和味道。

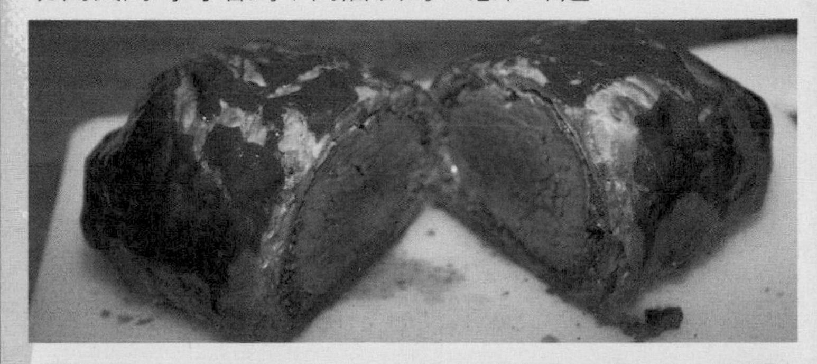

農舍批 / 牧羊人批

起源於 18 世紀的鄉村料理，雖說是批，卻沒有批皮，主婦將剩下的碎肉炒香墊底，上面則鋪上由尋常百姓家都有的馬鈴薯製成的薯蓉，再拿去焗製，表面酥香，內裏惹味。

農舍批用碎牛肉製成，牧羊人批則用碎羊肉，兩者製法一樣的啊！

乳脂鬆糕

英語「trifle」，屬英式甜品一種，最初食譜刊於 1596 年，是加入玫瑰花水和糖的厚忌廉，直至 18 世紀才演變成由甜酒浸泡的海綿蛋糕、吉士醬、水果、忌廉、果醬層層疊成的傳統甜點，並以大玻璃容器盛載，單看已感到繽紛悅目，就連電影〈哈利波特〉也曾出現過呢。

↑乳脂鬆糕的配搭可以千變萬化。

有些人說英國食物的賣相和味道不怎麼樣，其實也有很多美食呢。
對！由於昔日的宗教和工業革命等因素，英國人才一直奉行簡樸飲食，只要細心發掘，英國菜也滿有特色的啊！
而且英國菜也不太難做，自己在家也可試試看。

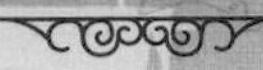

沒想到福爾摩斯先生的名聲能傳到世界各地呢！
那有甚麼是從外國傳入歐洲的？
很多啊，這些甚至對社會文化產生深遠的影響呢！

東西文化交流

約 15 世紀開始，航海技術不斷進步，除了以往的陸路外，還開闢了海上貿易路線，把亞洲和美洲的物種帶入歐洲，大大改變了人們的生活。

英國人不吃番茄？

番茄原產自美洲，約在 15 世紀引入歐洲。可是番茄外表與有毒的癲茄相近，所以歐洲人以為番茄也有毒，只作觀賞種植，只有西班牙人和意大利人敢食用。直至 18 世紀中期才得到澄清及推廣。

傳遍世界的茶

約在 15 世紀，商人把中國茶葉帶進意大利，初時價錢非常昂貴，只有皇宮貴族才能品嚐。到 18 世紀，英國引入印度種植的茶葉，及開始在本地種植後才變得便宜普及。

各地喝茶的習慣都不同，東歐和俄羅斯人會加檸檬汁、英國人加牛奶、藏族人加牛油和鹽等等。

馬鈴薯與革命

馬鈴薯在 16 世紀從美洲傳入歐洲，因其容易種植和體積大有飽足感，而且種植在地下不易受破壞，很快就成了低下階層的主要糧食。

工業革命時期人口激增，大部分工人也是依靠吃馬鈴薯過活。在 19 世紀中期，馬鈴薯瘟疫令民眾陷入饑荒，導致歐洲多地爆發革命。

除此以外，當時的文學藝術也影響深遠呢！

未公開原畫草圖 ❶

Chapter 4

與福爾摩斯齊名的偵探

C・奧古斯特・杜邦
(C. Auguste Dupin)

作者：埃德加・愛倫・坡
(Edgar Allan Poe)

初登場：**莫爾格街兇殺案**
(The Murders in the Rue Morgue)

發表年份：1841 年

故事簡介：

一對母女在住所被殺，儘管大廈內有很多人都聽到兇手的聲音，卻沒人聽懂他説甚麼，也不知道他是如何離開現場。直至杜邦在現場找到一根非人類的毛髮，得知兇手竟是……

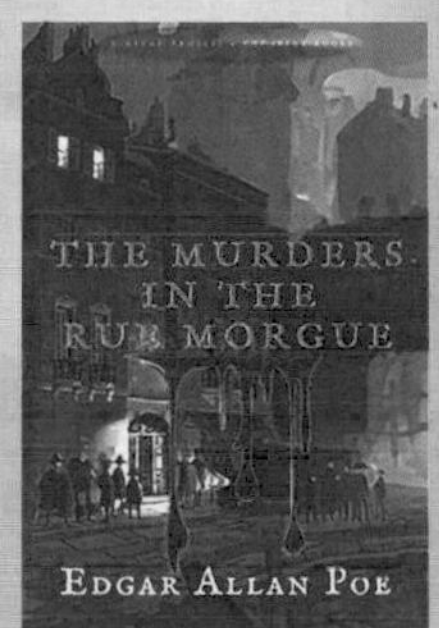

小說世界的 第一位偵探

《莫爾格街兇殺案》被公認為世界第一篇推理小説，主角杜邦順理成章成為小説世界裏第一位偵探。

這篇小説亦同時確立了一套推理公式，故事情節會隨着主角的思考方式或行動而展開，過程中會出現各種證據，引導讀者一同參與推理，直到最後一刻才解開謎團。

角落老人

(The Old Man in the Corner)

作者：艾瑪・奧希茲（Emma Orczy）

初登場：**芬雀曲街謎案**（The Fenchurch Street Mystery）

發表年份：1909 年

故事簡介：

《觀察家晚報》女記者寶莉・波頓總是在法院旁的咖啡店遇見一位老人，她對於這位老人僅利用尋常新聞資料，就能解開警方無法偵破的謎案，感到不可思議。

↑全系列小說共收錄了 12 個短篇故事，每個故事模式大致相同。

推理小說首位安樂椅偵探

無須到現場調查，足不出戶，只靠新聞報道或他人轉述線索，進行推理的偵探，稱為「安樂椅偵探（Armchair Detective）」。

角落老人是最早登場的安樂椅偵探，作者在整個小說系列從來都沒有提及他的名字和個人資訊。他每天獨坐在咖啡店的角落裏，吃蛋糕、喝牛奶、看報紙。雖然偶爾會去法庭旁聽，但主要還是依靠報紙的社會版新聞來推理案情。每次討論案情時，他總是不停玩弄手上的細繩，把它結起又解開。

他既不是警探，也不是私家偵探，純粹是因為個人興趣才推理。

其他安樂椅偵探

雷克斯·斯托特筆下的大胖子偵探尼祿·沃爾夫，重達 123 公斤，喜歡喝啤酒、吃美食和照顧蘭花。基本上不會出門辦案，對外所有事務全由助手阿奇·古德溫負責。

阿嘉莎·克里斯蒂創作的女性偵探珍·瑪波，常坐在安樂椅上織毛衣，偶爾也會到村裏散步，順便收集線索。

這麼輕鬆地查案很適合我啊。我也要坐着不動就能破案！

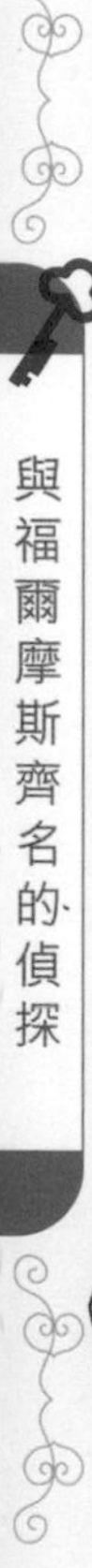

約翰·艾文林·桑代克醫生
(Dr. John Evelyn Thorndyke)

作者：理查·奧斯汀·弗里曼
（Richard Austin Freeman）

初登場：**紅拇指印**
（The Red Thumb Mark）

發表年份：1907 年

故事簡介：

倫敦一家公司發生了鑽石盜竊案，警方在保險箱內發現一枚紅色拇指印，後來確認該指紋是屬於霍比先生的侄子諾伯。可是，桑代克醫生對證據的真實性和來源表示懷疑……

THE RED THUMB MARK
R. AUSTIN FREEMAN
WITH A NEW INTRODUCTION BY OTTO PENZLER

首創倒敍推理法

推理小説敍事方法有很多種，以下兩種較常用。

傳統推理

讀者和偵探在擁有同樣線索的情況下進行解謎，一同找出犯人。

倒敍推理

犯人身份和犯案方法在前半部已昭然若揭，後半部則着重推理過程，逐步剖析如何破案。

創作倒敍推理小説不但要用大量科學理論來支持，又要求破案過程具真實性，所以寫得好的倒敍推理小説並不多。

運用微物鑑識辦案

桑代克醫生是推理小説史第一個科學偵探，他總是隨身攜帶一個方形綠色皮箱，內有顯微鏡、試管等實驗器材，方便他隨時在現場搜證和分析證據。

據説紐約市警察局也是看了弗里曼的桑代克醫生系列小説，才設立警察史上首個警用實驗室，負責犯罪現場之勘察採證，包括屍體、血液等生物證據和指紋、鞋印、工具痕跡等物理證據。

我也認識一位桑代克先生喔！小時候還跟他一起去查案。原來他的原型就是弗里曼筆下的桑代克醫生。

布朗神父
(Father Brown)
作者：G·K·卻斯特頓
(Gilbert Keith Chesterton)
初登場：藍寶石十字架
(The Blue Cross)
發表年份：1910年
故事簡介：
大盜弗蘭博偽裝成神父，打算伺機偷走布朗神父身上的藍寶石十字架。殊不知布朗神父早已看穿他的偽裝，不但暗中將十字架送到安全地方，還留下線索讓警方追蹤他們的下落……
G.K.CHESTERTON
THE BLUE CROSS
Study Edition
布朗神父與杜邦、福爾摩斯並稱為「世界三大名偵探」，但名氣卻不如他們大。

平凡的神職偵探

作風低調又內斂，平凡得容易讓人忽略他的存在，加上丟三落四的迷糊個性，很難讓人將他與精明能幹的偵探聯想在一起。不過也正因如此，布朗神父總能隱藏在人羣中觀察每個人的表情、肢體和心理變化，然後運用敏銳的洞察力和嚴密的邏輯推理能力來破案。

布朗神父認為心靈救贖比起法律制裁更為有效，與其逮捕犯人歸案，不如給他們懺悔和改過自新的機會。大盜弗蘭博就是其中一個被布朗神父感化的例子——改邪歸正成為偵探。

犯罪推理的先河

布朗神父不是靠推理破案，而是單純靠直覺推斷；也不關心指紋、腳印、血跡等物理證據，而是靠剖析犯罪心理來破案。

他深信證據可以偽造、證言可以虛構，但人的行為模式卻難以改變，所以要代入犯人心理，揣測他們的行為模式，才能破案。

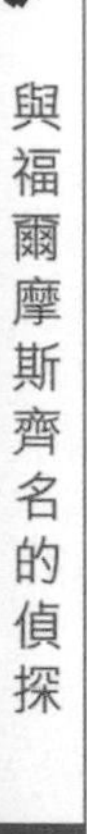

奧古斯都·凡杜森
(Augustus S.F.X. Van Dusen)

作者：賈克·福翠爾
（Jacques Futrelle）

初登場：**逃出十三號牢房**
（The Problem of Cell 13）

發表年份：1905 年

故事簡介：

凡杜森教授與友人打賭，挑戰在不帶任何工具的情況下逃出死囚監獄。

天才教授

全名奧古斯都·S·F·X·凡杜森，在他的名字後面還有一串縮寫字母：Ph.D（哲學博士）、LL.D（法學博士）、F.R.S（皇家學會院士）、M.D（醫學博士）、M.D.S（牙科碩士）等。那些都是不同教育及科學機構頒贈給他的榮譽頭銜，以表揚他的學術成就。

犯罪推理的先河

凡杜森教授深信「頭腦是一切事的主宰，沒有不可能的事」，就算是一個不會下棋的人，只要經過一連串的邏輯思考，都能擊敗任何西洋棋專家。為了證明自己的觀點，他用了半天時間學習西洋棋規則，最終在十五步內靠邏輯打敗了世界冠軍。

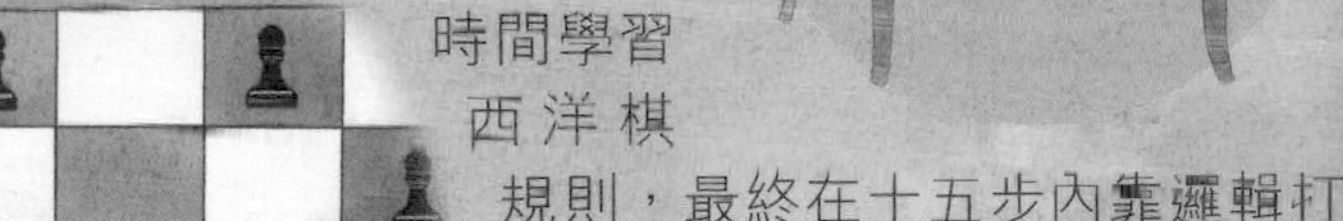

換言之，擁有敏鋭直覺、精湛邏輯推理能力和優秀行動力的人，就能解決世界上所有的難題。

勒考克
(Monsieur Lecoq)
作者：埃米爾．加伯黎奧
(Émile Gaboriau)
初登場：勒滬菊命案
(L'Affaire Lerouge)
發表年份：1905年
故事簡介：
寡婦勒滬菊被殺，現場一片混亂，兇手逃去無蹤。年輕警探勒考克發現這並非單純的命案，究竟背後隱藏着甚麼秘密？
L'affaire Lerouge
ÉMILE
GABORIAU
小說家總是把警探塑造成一個辦事不力的笨蛋，往往需要偵探協助才能破案。
年輕警探勒考克正直聰明，初登場時只是小角色，但由於受到讀者喜愛，才成為往後作品的主角。

法國偵探小說之父

加伯黎奧被譽為「法國偵探小說之父」。他的成名作《勒滬菊命案》於 1863 年在報章刊登時並未受到關注，直至三年後再次刊登，才獲得廣大迴響，他也因此一舉成名。

《勒滬菊命案》取材自一宗寡婦被殺的新聞，曾任記者的加伯黎奧當時也有報道此案，後來他以此為藍本創作偵探小說。在小說中，他不僅清楚交代案發經過（根據他的推測），還描述了法國的司法和刑偵制度。

誰創立世界第一間私家偵探社？

是由法國人尤金·法蘭索瓦·維多克（Eugène François Vidocq）創立，其一生相當傳奇。

曾是通緝犯的他，自首後應警方要求當臥底，因表現出色，而被任命為警察。他在 1812 年協助警方成立巴黎犯罪調查局（法國保安局前身），有系統地建立一個犯罪檔案，記錄罪犯姓名、犯罪手法和慣用手段。直至 1833 年，他辭去了職務，創辦世界第一間私家偵探社——布雷奧克偵探社。

←法國郵政在 2003 年推出以「法國的小說人物」為題的首日封，當中就有維多克，而歷史上確有其人。

據說在維多克擔任局長期間，巴黎的犯罪率下降了 40%。

金田一耕助
(Kindaichi Kousuke)

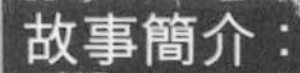

作者：橫溝正史
初登場：**本陣殺人事件**
發表年份：1946 年

故事簡介：

大雪紛飛夜發生密室殺人事件，一對新婚夫婦被殺。名偵探金田一能否憑着武士刀、三指血手印和夜半琴音這三項線索解開密室謎團，找到兇手？

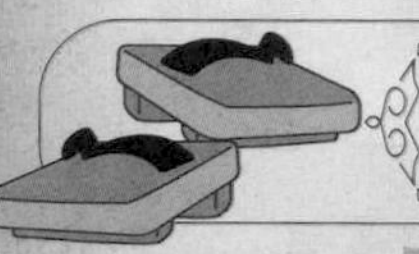

金田一耕助破解過的著名案件

獄門島 **故事簡介：**

金田一耕助受故友鬼頭千萬太所託，前往其故鄉獄門島，保護他的三個妹妹。然而，當金田一抵達獄門島後，鬼頭花子、鬼頭月代與鬼頭雪枝三姐妹竟接連遭到不測，而且各人的死法竟是依照俳句所示……

犬神家一族 **故事簡介：**

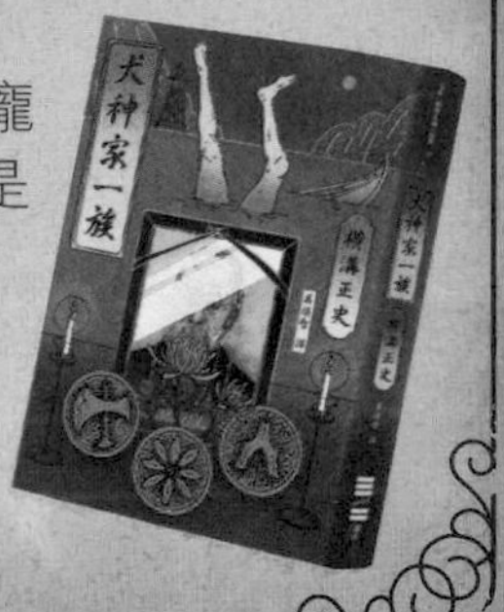

大財閥的犬神佐兵衛，留下遺書要將龐大財產全數轉讓給恩人之女珠世，前提是珠世必須跟他三個孫子其中一人成婚。這封令人匪夷所思的遺囑引發了一連串與犬神家一族的傳家寶「斧、琴、菊」有着密切的關連的血腥殺人事件……

留學美國的日本偵探

身高只有五尺四寸（163cm），體重約十四貫（52公斤）。外表邋遢又不修邊幅，披頭散髮，和服總是皺巴巴的，經常被警察誤當成嫌疑犯。每當遇到棘手案件時就會搔頭，到揭曉案情時便會口吃，這樣傻頭傻腦的人，竟然破獲多宗殺人案，而被譽為昭和年代的福爾摩斯。

金田一年青時遠赴美國舊金山（即三藩市），因緣際會下破解了一樁離奇命案，而被當地日僑視為英雄。回國後，在東京開設偵探事務所，開業半年間乏人問津，直至連破數宗大案，聲名鵲起。

我們來玩一個小遊戲。

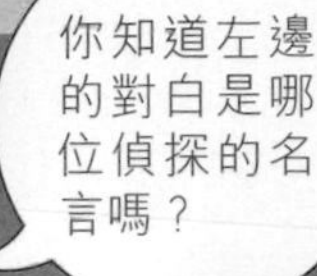

你知道左邊的對白是哪位偵探的名言嗎？

請配對並連結起來。

❶除去不可能之外留下的，不管多麼不合情理，那就是真相。	金田一一
❷真相永遠只有一個，犯人就是你！	夏洛克．福爾摩斯
❸躺在那裏思考，運用頭腦裏那小小的灰色腦細胞，你就會找到答案了！	江戶川柯南
❹我以爺爺的名義起誓。	赫丘勒．白羅

誰是金田一一？

日本漫畫《金田一少年事件簿》的主角，他的爺爺金田一耕助是日本家喻戶曉的名偵探。

答案：❶夏洛克．福爾摩斯 ❷江戶川柯南 ❸赫丘勒．白羅 ❹金田一一

赫丘勒·白羅
(Hercule Poirot)

作者：阿嘉莎·克莉絲蒂
(Agatha Christie)

初登場：**史岱爾莊謀殺案**
(The Mysterious Affair at Styles)

發表年份：1920 年

故事簡介： 英國史岱爾莊園主艾米麗被毒殺，剛巧海斯汀上尉在此度假，於是邀請好友——退休比利時警探白羅協助調查。他發現莊園內的每個人都有嫌疑……

白羅破解過的著名案件

東方快車謀殺案 **故事簡介：**

富商雷契特陳屍東方快車的包廂內，白羅調查時發現線索混亂，兇手看似是左撇子但又看似慣用右手。同車的十二名乘客，全都有犯案動機。白羅抽絲剝繭，終於發現一個令人無法置信的真相……

尼羅河謀殺案 **故事簡介：**

大富豪的女兒琳特橫刀奪愛，搶走了好友賈姬的未婚夫，但最終卻在她度蜜月的遊艇上被人謀殺，她的那條價值連城的珍珠項鏈也不翼而飛。然而最有殺人嫌疑的賈姬卻有牢不可破的不在場證據，到底真兇是誰？

唯一在報紙刊登死訊的偵探

白羅辦的最後一案是在1975年，隨着案件落幕，白羅也與世長辭，當時《紐約時報》特別在頭版刊登他的死訊。虛構小說人物中能得此待遇者，唯有白羅一人。

赫丘勒．白羅逝世
比利時名偵探

Hercule Poirot Is Dead; Famed Belgian Detective

By THOMAS LASK

Hercule Poirot, a Belgian detective who became internationally famous, has died in England. His age was unknown.

Mr. Poirot achieved fame as a private investigator after he retired as a member of the Belgian police force in 1904. His career, as chronicled in the novels of Dame Agatha Christie, was one of the most illustrious in fiction.

At the end of his life, he was arthritic and had a bad heart. He was in a wheelchair often, and was carried from his bedroom to the public lounge at Styles Court, a nursing home in Essex, wearing a wig and false mustachés to mask the signs of age that offended his vanity. In his active days, he was always impeccably dressed.

Mr. Poirot, who was just 5 feet 4 inches tall, went to England from Belgium during World War I as a refugee.

Continued on Page 16, Column 1

Illustrated London News and Sketch, Ltd.
Hercule Poirot, painted in the mid-1920's by W. Smithson Broadhead.

The New York Times
Published: August 6, 1975

高齡名偵探	約60多歲的比利時退休警探，第一次世界大戰時逃難到英國，轉行做私家偵探。他那一口法語腔調的英語，經常被誤認為法國人。
外表	矮小又微胖，頭形仿若雞蛋，蓄有濃密的八字鬍，看起來自信又自負。
衣着	 非常講究，堅持穿着名牌漆皮鞋，曾說過「寧可挨槍也不願意把衣服弄髒」。
推理手法	自稱安樂椅偵探，認為搜證工作應當由警方來做，所以不喜歡到現場搜證。

心證推理 VS 物證推理

心證推理

代表人物

布朗神父、白羅

與嫌疑人交談或觀察行為舉止 → 推理犯案方法和動機 → 找出犯人

觀察這四人的聊天姿勢，你知道誰在説謊嗎？

❶一手抱胸，一手撐着下巴

❷摸耳朵

❸用手摀着嘴巴

❹雙手向上敞開

物證推理

代表人物

福爾摩斯、

桑代克醫生

在犯罪現場搜證

破解物理或化學詭計 → 推理犯案方法 → 找出犯人

↑在第 22 集《連環失蹤大探案》中，福爾摩斯就是通過觀察，推理出多德的身份。

答案：❶對聊天內容很感興趣，正專注聆聽。❷有事隱瞞，試圖用小動作緩解不安。❸代表心虛，怕説溜嘴。❹代表敞開心扉，樂於與人分享。所以説謊的人是②和③。

珍·瑪波
（Jane Marple）

作者：阿嘉莎·克莉絲蒂
(Agatha Christie)

初登場：**牧師公館謀殺案**
(The Murder at the Vicarage)

發表年份：1930 年

故事簡介： 人緣極差的博舍羅上校被發現死於牧師家的書房內，整個村莊的人似乎都有殺人動機……

瑪波小姐破解過的著名案件

藏書室的陌生人

故事簡介：

一具年輕女屍突然出現在班特里的書房內。女屍身穿晚禮服，但臉上卻是污跡斑斑。她到底是誰？又怎樣闖進書房內？瑪波小姐尚未發現真相之時，鑿石場內又發現一具女焦屍，兩件案件似乎有所關連……

幕後黑手

故事簡介：

傷兵伯頓為了療養而跟妹妹喬安娜搬到小村生活。然而，一封指他們並非親兄妹的匿名信卻導致村內謠言滿天飛。與此同時，村中所有人都收到不同的匿名信，最終導致名門辛明頓太太服毒自殺。到底是誰發出這些匿名信呢？

文學史上少有的女性偵探

與白羅的形象截然不同，瑪波小姐是一個典型的鄉村老婦人，終生未婚。她原本住在倫敦近郊，後來才搬到聖瑪莉米德村定居。

深居簡出的她，親切又友善，興趣是園藝和織毛衣，由於她的外表並不符合多數人心目中的偵探形象，因此常被村民當作沒有常識的老小姐。然而，但凡見識過她推理的人，都對她的推理能力讚譽有嘉。

最佳偵查頭腦

瑪波小姐認為所有案件都與生活瑣事有關。

身為業餘偵探，她喜歡通過觀察和聊天（或聊八卦）找出蛛絲馬跡，一旦發現可疑，就會把記憶中的各種罪犯資料和特徵串連起來，從而推理出兇手。

原來也有女偵探。
沒錯。白羅的好友瑪波小姐細心又待人友善，對查案很有幫助啊。

阿嘉莎・克莉絲蒂的文學成就

她是繼柯南・道爾爵士後，第二位被冊封為爵士的英國推理小說作家。

謀殺天后

在任職護士和藥劑師助理期間學到各種毒藥知識，萌生創作推理小說的念頭。由於具備豐富和專業的毒物知識，她的作品中經常使用毒藥作為謀殺工具，如神經毒素馬錢子鹼、山埃、炭疽桿菌等。

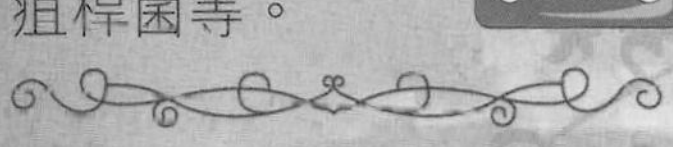

推理小說女王

一生創作了六十六部小說、百多篇短篇小說和十七個劇本，《東方快車謀殺案》和《尼羅河謀殺案》等多部作品後來還拍成真人版電影。

全球最暢銷作家

作品被翻譯成超過100種語言，全球累積銷量逾20億冊，僅次於《聖經》和莎士比亞的作品。

↖《克莉絲蒂推理全集》/ 遠流出版

儒勒・梅格雷
(Jules Maigret)

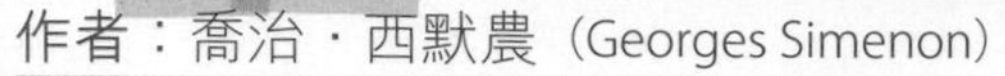

作者：喬治・西默農（Georges Simenon）
初登場：**怪盜雷頓**（Pietr-le-Letton）
發表年份：1931 年

故事簡介： 為了抓捕國際犯罪集團的首領——怪盜雷頓，梅格雷探長在車站守候「北極星號」的到來。但是，就在雷頓下車的同時，一具疑似是雷頓的屍體竟陳屍在火車的洗手間裏！「兩個雷頓」的謎團背後，竟藏着一個驚人真相和悲傷的過去……

梅格雷破解過的著名案件

梅格雷的陷阱

故事簡介：

五名女性接連被殺害，但現場卻沒有留下任何線索。梅格雷向傳媒假稱已抓到兇手，並在市內部署大量女警，果然成功引出心有不甘的連環殺人犯。然而，在梅格雷盤問該殺人犯之際，卻又發生了新的謀殺案，難道梅格雷抓錯人了？

梅格雷的亡者 故事簡介：

梅格雷收到一通神秘電話，電話另一邊的男人稱自己正被人跟蹤，並說梅格雷認識他的妻子。然而，男子還沒把話說完就匆匆掛斷了電話。其後男子一直在不同地方打電話給梅格雷，直到他被人發現死在協和廣場上……

命運的修理人

梅格雷探長在調查案件時，會想像自己是犯人或現場人物，藉此推測犯案動機，並因而常常與罪犯感同身受。他自稱是「命運修理人」，比起逮捕罪犯，他更希望修補犯人生命中的缺憾。

著名動漫角色的原型

梅格雷探長系列共有75部長篇及28篇短篇小說，更多次被改編成電視劇和電影，對後世推理小說的發展影響深遠。大家熟悉的《名偵探柯南》中的目暮警官，其原型也是沿自梅格雷探長。

↑位於荷蘭的梅格雷雕像

他跟福爾摩斯一樣喜愛煙斗，辦公室裏常常擺放着三款不同的煙斗。

真實世界中的名偵探——

平克頓偵探社偵探

艾倫・平克頓（Allan Pinkerton）

蘇格蘭人，23 歲時移居美國芝加哥，在 1850 年創立「平克頓偵探社」。這是美國第一家私家偵探社，主要工作是受政府或企業委託，在西部地區追捕犯罪團伙。他們既可跨州辦案，又有逮捕權，權力不但比政府執法部門大得多，僱員人數甚至比美國陸軍現役士兵還要多。

十九世紀後期偵探社醜聞不斷，最終導致美國國會通過法案，以限制平克頓偵探社的權力。

直到今天，平克頓偵探社依然存在，業務範疇不限於對受託事情進行調查和報告，還包括職前審查與背景調查、提供保鏢服務等。

ONE HUNDRED DOLLARS REWARD!

BENJAMIN BRUNER, formerly a merchant in Westfield, Mass., mysteriously disappeared from his home in Westfield, on the night of Wednesday, March 1st, while it is supposed temporarily deranged.

[illegible]

The above **Reward of One Hundred Dollars** [illegible]

►由平克頓偵探社發出的懸賞通緝令。

凱特・沃恩 (Kate Warne)

平克頓偵探社首位女偵探，也是美國首位女偵探，因成功破獲針對總統候選人林肯的暗殺計劃而享負盛名。

建立第一個犯罪數據庫

平克頓偵探社以剪報方式蒐集罪犯資料，為他們建立犯罪檔案。每個檔案不但附有罪犯的照片，還詳細記錄其樣貌和身體特徵，這套標準後來被美國聯邦調查局（FBI）所採用。

美國俚語中的私家偵探

據説平克頓偵探社的宣傳標語「我們從不睡覺」（We Never Sleep）是源於凱特全程不眠不休地保護林肯而來的，其標誌是一隻睜大的眼睛，所以美國的私家偵探又被稱為 Private Eye。

有了這些偵探，我以後就不需要福爾摩斯了。

這些只是我平常看的小説主角，你日後還是需要找我幫忙。

未公開原畫草圖 ❷

Chapter 5
故事改編技巧

故事的四個元素

人物　場景　故事　情節　對話

人物 故事中的角色

根據角色在故事中的重要性，描寫比例也會不同。以《大偵探福爾摩斯》為例，福爾摩斯、華生等人是本系列的主角，讀者已經非常熟悉他們的性格特徵，故此無須重複。但初登場的角色，各個人物的性格和外貌就要描述得詳盡一點，讀者才會印象深刻；至於一些不重要的角色宜輕輕帶過。

我們以第 43 集《時間的犯罪》作例子吧。

短短的幾句話，可見麥基的態度傲慢囂張，粗暴無禮。

別像頭笨驢般站着不動，快上樓去把太太的行李拿下來！
蠢女人就是蠢女人，不叫都不會動。

人物描寫

通過容貌、神情、衣着、姿態、語氣等方面的描寫，不但反映人物的性格、年齡和興趣，也能透露他們的家世背景、社會地位和生活環境。

別人在看，我在觀察。

場景 故事發生的時間和地點

一個完整的故事會有多個不同的場景，一旦故事發生的時間或地點改變了，就須要轉換場景。每個場景之間環環相扣，讀者可以透過不同場景串連故事。雖然場景不一定對故事有很大影響，但不同場景對於營造氣氛及推動劇情都有作用。

場景❶ 茶座

麥基被債主戴維斯逼得走投無路，只好計劃殺妻騙保險金還債。

場景❷ 森林旅館

福爾摩斯和華生剛好去度假，認識了麥基，並拆穿他的殺妻計劃。

場景❸ 貝格街附近的茶座

一方面交代麥基犯案原因，一方面利用M博士的來信為故事埋下伏線。

場景❹ 大笨鐘

福爾摩斯在限時內拆解了戴維斯犯案的時間和地點，救出泰勒小姐。

❶和❸屬次要場景，所佔篇幅短，無須大費周章描述。

❷和❹是故事主線的主要場景，對於環境、場所、天氣的描述就會詳細一點。

情節 表現人物行動的連續事件

故事要吸引，絕對不能平鋪直敘，要有高潮和衝突才能勾起讀者的興趣，所以一定要加插一些意外事件來推動情節發展，這也是觀眾看下去的亮點。

情節是故事發展過程，用來表現人物行動。主角必須有一個明確目標，他為了達成這個目標而努力。即使面對重重困難和險阻，他都會想辦法克服，最後成功達成目標。

看看福爾摩斯如何達成目標

目標：
救出泰勒小姐

↓

阻礙：
對犯案時間和地點毫無頭緒

↓

克服：
剩下 3 分鐘找到線索

↓

結果：
在馬車衝下河前成功救人

對話 讓人物開口説故事

對話是故事構成的重要部分，常用來交代事件和傳達訊息。故事中會出現各色各樣的人物，他們的身份、年齡、職業、教育程度各不相同，對話內容必須要切合他們的言行想法和性格特徵。試想像一下，福爾摩斯用小兔子的腔調説話會怎樣。

因此在設定人物對話時，要留意用詞、語調是否符合他們的特性。

有了這四個元素，就可以開始説故事？
等等，一個結構完整的故事，總離不開「起、承、轉、合」這個框架，所以如何鋪排故事也很重要。

故事的起承轉合：故事山峰圖

無論是長篇或短篇，冒險或懸疑，每個故事都有完整結構，先找出故事重要元素，就能逐步掌握故事脈絡。故事結構常以圖像來呈現，將故事分為背景、劇情鋪陳、高潮、故事收尾和結局五個階段，這就是故事山峰圖（Story Mountain）。

爬山要有行程和路線，寫故事也一樣，要有清晰的大綱和明確的架構，讀者才會追看下去。我們以第44集《消失的屍體》作例子，看看如何用故事山峰圖表達故事結構。

① 背景(Exposition)

即故事基本設定，交代時間、地點、人物及事件的起因，勾起讀者興趣。

時間：下着微微細雨的黑夜

地點：殮房

人物：黑影、小雷的屍體

事件：請求小雷的原諒

那個黑影是誰？

為何要夜闖殮房請求小雷的原諒？

莫非黑影就是殺死小雷的兇手？

② 劇情鋪陳(Rising Action)

詳見 p104

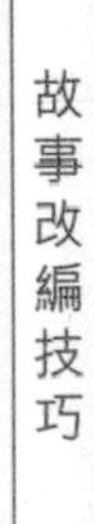

③ 高潮(Climax)

詳見 p104

④ 故事收尾 (Falling Action)

詳見 p105

⑤ 結局 (Resolution)

詳見 p105

PERPLEXITIES AND PUZZLES

End

② 劇情鋪陳 (Rising Action)

故事主軸，透過主角面對的問題、衝突或矛盾，一步步推動故事情節發展。

- 小兔子委托福爾摩斯，查出蘭茜姨的死因。
- 在調查過程中，福爾摩斯發現少了一把黑色雨傘，根據失物登記冊的線索，來到皇家狩獵會找英文姓名縮寫是「W.W.」的會員。
- 雨傘物主另有其人，是英文縮寫是「M.M.」的人。

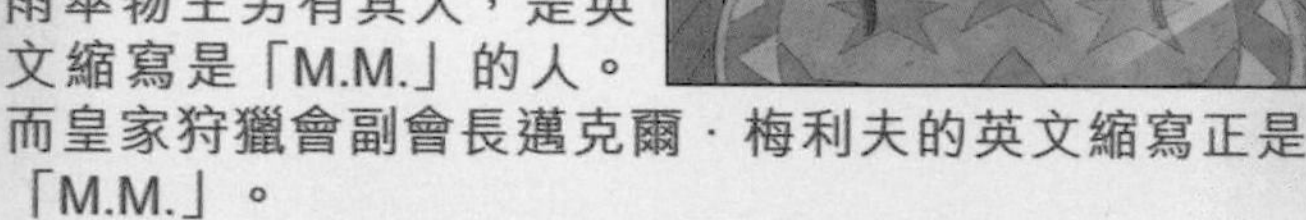

而皇家狩獵會副會長邁克爾·梅利夫的英文縮寫正是「M.M.」。

加入預料之外的狀況或難題，埋下伏筆。

→除了雨傘外，原來兇手還在地鐵內留下了一本雜誌。

③ 高潮 (Climax)

故事轉捩點或高潮所在，此時主角也會面對更大的困難。

- 雜誌頁邊寫滿一組組的數字，調查後發現筆跡與梅利夫不同。
- 同一時間，福爾摩斯獲悉有一具流浪漢的屍體在殮房失蹤。

啊！原來寫故事與爬山一樣，要有高低起伏的情節，營造緊張懸疑的氣氛，才能抓住觀眾的注意力。

你說得對。任何人都不能一口氣爬到山頂，途中或許會疲累，甚至遇上難行路段，就如故事主角也需要經歷一些困難和險阻，想辦法解決後，故事才會結束。

④ 故事收尾 (Falling Action)

高潮之後的收尾，可以是圓滿結局或悲劇收場。

- 福爾摩斯破解了雜誌的謎團，而梅利夫也承認殺人，並交代殺人動機。
- 那具失蹤的屍體就是梅利夫失散 20 多年的弟弟。

⑤ 結局 (Resolution)

故事的結局，所有事情都要交代清楚。

—梅利夫和小雷兩兄弟先後被兩個英國家庭收養。小雷從小就因為混血兒身份備受歧視，為了保護已晉身上流社會的哥哥，不敢與他相認。

改編秘技大披露
2018年出版的《大偵探福爾摩斯 寫作教室》一書，對如何創作偵探小說作了詳盡的解說。
大偵探福爾摩斯
寫作教室
這次，就由我以「實戰」的方式，通過實際例子，介紹一下改編偵探小說的技巧吧！
《大偵探福爾摩斯》作者 厲河
ACTION！
ACTION！
ACTION！
ACTION！
以動作場面
開場!!

小說要吸引讀者閱讀，開場非常重要。在百多年前，沒有電影、電視和手機，小說開場沉悶一點，讀者也會忍耐。

但是，今天的小說如果開場沉悶，讀者會毫不客氣地馬上放下書本，走去看電視或手機了。所以，改編時必須注意開場的寫法。

那麼，怎樣開場才不沉悶呢？最簡單的方法，就是以 ACTION 來開場。

ACTION 多解作「動作」，也可解作「令人激動的事」，是吸引讀者看下去的不二法門。

現在，通過比較原著和改編版，來看看怎樣在改編時加插新的人物建立支線，令開場變得有聲有色吧。

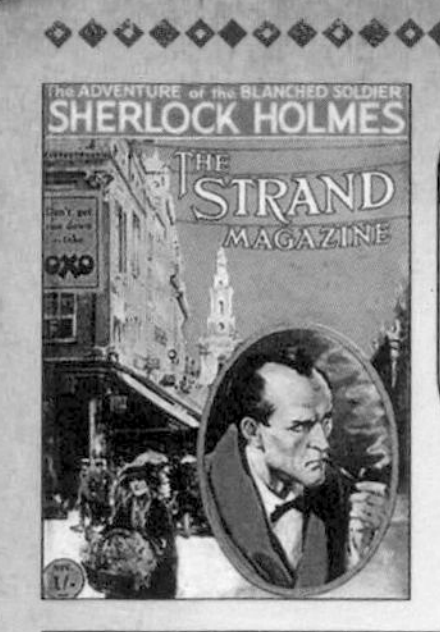

實例①

原著

皮膚變白的軍人

出版年份：1926 年　主題：尋人

原著故事梗概：

福爾摩斯在評述華生記錄案件的方法時，憶起一宗案件……

退役軍人多德為尋找回國後失蹤的戰友葛菲，請福爾摩斯出手調查，並憶述自己曾往葛菲家尋人，但葛菲的父親堅拒透露實情。

不過，他在葛菲家留宿當晚，卻見一個酷似葛菲的白臉人在窗外一閃而過。

福爾摩斯與多德一起前往調查，終找到被誤診為痳風病而躲藏起來的葛菲。原來，葛菲為免自己患上痳風病一事外傳而被抓去隔離，才躲起來不與外人見面。

改篇版

連環失蹤大探案

出版年份：2014 年　主題：尋人

改編版故事梗概：

尋人專家夏普應退役軍人多德之邀，尋找其回國後失蹤的戰友葛菲。但夏普到葛菲家鄉調查時被惡犬追襲失足跌落廢井，生死未卜。

多德見夏普失蹤，就請福爾摩斯出手幫忙，並憶述自己曾往葛菲家尋人，但葛菲的父親堅拒透露實情。不過，他在葛菲家留宿當晚，卻見一個酷似葛菲的白臉人在窗外一閃而過。

福爾摩斯和華生與多德一起前往調查時，遇見李大猩和狐格森正在調查夏普失蹤一案。

眾人合力找到被誤診為痲風病而躲藏起來的葛菲。最後，在葛菲的愛犬洛奇帶領下，找到了獲救後正在療傷的夏普。

原來，葛菲家的僕人和鎮上的人為免葛菲患上痲風病的「家醜」外傳，眼見夏普誤墮廢井也見死不救，才引發一連串事件。

從故事梗概可以看出，改編版與原著的最大分別，是前者加多了一個人物——尋人專家夏普。
不僅如此，最弔詭的是他自己在尋人過程中也失蹤了！增加這個人物，是因為原著的故事太過簡單直接，難以滿足 21 世紀的讀者。
那麼，把他加插在故事中有甚麼好處呢？

故事改編技巧

加插夏普的好處❶

變得有「戲」

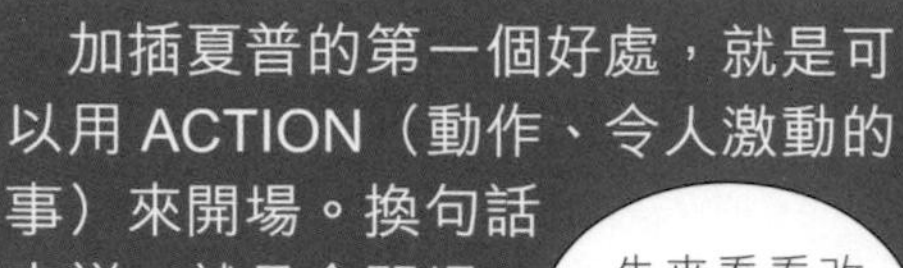

加插夏普的第一個好處，就是可以用 ACTION（動作、令人激動的事）來開場。換句話來說，就是令開場變得有「戲」！

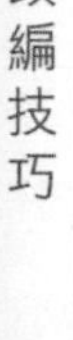

故事改編技巧

英國貝德福德郡的一處鄉郊地方，晚上九時左右，一彎新月在雲端時隱時現，令通往火車站的馬路顯得格外陰森。

一個穿着旅行裝、拿着一枝手杖的中年人在馬路上急匆匆地走着，他好像生怕有甚麼跟着他似的，不時回頭張望。

「噠噠噠……」突然，他的背後響起了幾下腳步聲。

中年人赫然一驚，馬上停下步來回頭察看，但馬路靜悄悄的，一個人影也沒有。然而，路邊的樹林忽然有甚麼動了一下，但林中太過黑了，他甚麼也看不到。

不知是為了壯膽，還是要把躲在暗處的來者嚇退，他高聲喝問：「甚麼人？為甚麼一直跟着我？」

可是，漆黑一片的樹林就像一個黑洞，他的聲音傳了過去，卻彷似完全被吸個乾淨似的，一點兒回響也沒有。

雖然眼睛看不見，但多年的查案經驗告訴他，樹林中肯定有人，而且不止一個，至少有三四個。他也知道，那幾個人來意不善，就像躲在林中伺機撲出來的豺狼，隨時都會突然施襲。

中年人想到這裏，已肯定自己處身於險境之中，於是急急轉身加快腳步離開。可是，他只是走了幾步，又聽到背後傳來一陣低嗥聲。他連忙回頭一看，竟發覺林中有兩隻閃着藍光的眼睛正盯着他。

「糟糕！」中年人來不及細想，轉身就跑。同一剎那，一頭全身黑毛的惡犬從林中竄出，大吼一聲就往中年人撲去。

中年人大驚，頭也不回地狂奔，可是那條惡犬跑得非常快，一下子就縮短了距離。不過，就在惡犬快要追到時，中年人突然把手杖往後一扔，直向惡犬飛插而去，並趁機迅速向旁急竄，逃進了樹林。

惡犬一閃，輕易就避過了手杖。牠也迅即竄進林中，向中年人窮追不捨。

「嘎嘎嘎嘎——」中年人在林中氣喘吁吁地跑呀跑。突然，「哇呀！」一聲悲鳴響起，接着「嘭」的一下悶響傳來，中年人已失去了蹤影。

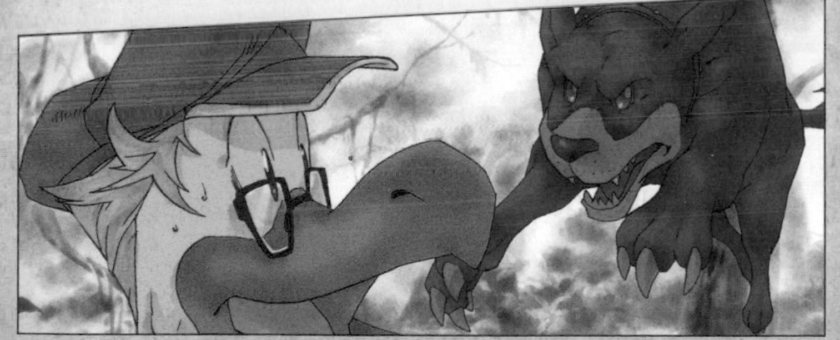

由於是以驚險的動作場面（追逐、逃跑）開場，不但營造出一股喘不過氣來的緊張氣氛，也製造了懸疑，令讀者好奇那個中年人（夏普）為何逃跑？追他的是甚麼人？他的下場如何？開場只是用了幾百字，已能吸引讀者追看下去。

那麼，原著又是如何開場的呢？現引用原文的中譯，讓大家比較一下。

原著的開場

吾友華生的主意雖然不多，但對這些主意卻非常固執。長久以來，他一直慫恿我寫一篇親身的經歷。或許這是我自找麻煩，因為我總是找機會指出他的記述多麼膚淺，並指責他為了迎合世俗的趣味，而不嚴格遵守事實和數據。

「你自己來試試啊，福爾摩斯！」他回嘴說。當我提起筆時，卻不得不承認一個事實，如不用他的方法去寫，就吸引不了讀者。下面這個案子絕對引人入勝，因為這是我的案子中最離奇的一宗。碰巧，華生並沒有把它寫進他的集子中。談到這位老朋友和傳記作者，我要藉此說明，我之所以不嫌麻煩地讓他參與我那些微不足道的調查工作，並非出於感情用事或忽發奇想，而是因為他確有其獨特之處。不過，出於他的謙遜和對我的工作表現評價過高，他卻輕視了自己的特點。一個能預知你的結論和行動軌跡的搭檔往往是危險的。反之，如果每個進展都令他詫異，而未來又總令他猜不透的話，他就是一個理想的夥伴了。

我的筆記本上寫着，那是 1903 年 1 月，當時剛打完布爾戰爭，詹姆斯．M．多德來訪。他是個高大、精神奕奕、曬黑了的英國人。當時，老好人華生為了結婚搬走了。這是我記憶之中，他與我交往後絕無僅有的一次自私行徑。我只有一個人。

我習慣背窗而坐，讓來訪者坐在我的對面。這麼一來，光線就會滿滿地照着他們。詹姆斯．M．多德先生彷彿有點迷失似的，不知道如何開場。我並不想幫他，他的沉默可以讓我有更多時間觀察他。我知道讓顧客感受到我的能力也不壞，於是，我向他說出了幾點觀察後的結論。

原著的這個開場頗為慢條斯理。
先讓福爾摩斯以第一身的角度，講述他與華生對記錄案件的不同看法。然後，才讓委託他查案的多德先生出場。
這種比較靜態的開場，不是說不可以，但要牢牢地抓住現今讀者的興趣卻比較困難。

加插夏普的好處❷

建立支線撐起主線

增加夏普的第二個好處，是可以通過這個人物來建立一條故事支線，除了可豐富劇情外，還可以利用這條支線來撐起主線。

故事結構變得更加紮實了！

主線是講葛菲為免被抓去隔離，才躲起來令人以為他「失蹤」。

主線

尋找失蹤了的葛菲

支線

尋找失蹤了的夏普

故事結構

支線「夏普的失蹤」也是講「失蹤」，而夏普的「失蹤」更是因為葛菲的「失蹤」而起，兩宗「失蹤」交疊在一起，撲朔迷離的感覺就更強烈了。

此外，夏普的失蹤為故事加多了一層意義——為怕損害個人利益而集體隱瞞事實。

僕人和鎮上的人見夏普墮下廢井中也見死不救，除了怕葛菲被抓去隔離外，也怕痲風病的消息傳開去後，會影響小鎮的旅遊業。所以，有了這條支線，主線的失蹤案就更有意思了。

葛菲失蹤是為了躲避隔離。

令夏普失蹤是為了隱瞞事實，以免影響小鎮的旅遊業。

對於僕人和鎮上的人幾乎犯下殺人罪，福爾摩斯最後這樣說：

「人性就是這麼脆弱，就算平時循規蹈矩，連螞蟻也不敢殺一隻，可是，在某種特定的環境和條件下，卻往往無法把持得住，一個閃念就會犯下兇殘無比的罪行，我們每一個人都得警惕啊。」

通過這段說話，福爾摩斯道出了對人性的體會。這也是全因建立了夏普失蹤這條支線，才能賦予故事更深的意義。

再多看幾個改編成「ACTION」的例子吧。

其他開場的例子

原著《雷神橋之謎》的開場

在查林十字路考克斯公司的銀行金庫裏，有一個因鞍馬勞頓而傷痕纍纍的錫製公文箱，上面印着我的姓名——約翰·華生，醫學博士，英屬印度部隊。

A NEW
SHERLOCK HOLMES STORY
THE PROBLEM OF
THOR BRIDGE
A.CONAN DOYLE

箱中塞滿了文件，幾乎都是夏洛克·福爾摩斯先生在不同時期的、不尋常的探案記錄。其中有些饒有趣味的案件卻未竟全功，故無法加以陳述，因為沒有結局可以寫下來。沒有解決方案的難題可能會吸引研究者，但對一般讀者來說只會興趣缺缺。

↑原著的開場是靜態的，出自華生第一身的憶述，雖然提及封塵多年未解決的案子，會引起讀者的好奇，但這個引子也是雷聲大雨點小，與後面提及的案件並無關係。

↓改編版以動作（消防車疾馳而過）開場，並通過華生心中的獨白，讓讀者知道貝格街附近發生火災，令讀者擔心會否波及221B。此外，這個開場與後面的破案有關，是重要的引子。

改編版《魂斷雷神橋》的開場

噹噹噹噹噹噹……！

一輛響着警號的消防車在華生身旁飛馳而過，直往前方開去。華生抬頭一看，只見遠處一股濃煙往半空冒升。

「那邊好像發生火災了！這麼乾燥的天氣，很容易起火啊。我們也得小心一點。」一個婦人和身旁的老婆婆說。

「是啊。」老婆婆看着遠處的濃煙，有點擔心地答道。

「那兒看來很接近貝格街呢……」華生想着，馬上加快腳步，往火災現場趕去。

原著《顯貴的主顧》的開場

「現在無傷大雅了。」夏洛克・福爾摩斯先生說。當我這麼多年來第 10 次問他可否披露以下的故事時，終於得到了他的許可。我可以把吾友偵探生涯中——可以這麼說——他最重要的一段經歷記錄下來了。

↑原著的開場繼續是靜態的，但用上了懸疑手法，令讀者好奇這個十年來都不得披露的是甚麼案件，比起實例①的開場要吸引。這個開場其實不錯，但看往後的劇情，就知道雷聲大雨點小，十年來不得披露的原因與案情的關係不大。

↓再一次，改編版的開場也是以動作（追逐）開場，雖然這個追逐與故事的主線無關，但以惹笑的手法令主角逃跑出場，也會引起讀者的注意。而且把情景由室內（福爾摩斯家中）搬到室外，也可增加一點新鮮感。

改編版《象牙與極樂鳥》的開場

「別走呀！抓住他！不要讓他逃走！」一個歇斯底里的女聲在貝格街響起。同一時間，一個高高瘦瘦的男人氣急敗壞地在幾個街童身邊疾馳而過，一個少女則緊隨其後拚命追趕。

原著《臨終的偵探》的開場

夏洛克·福爾摩斯的女房東赫德森太太，是個忍耐力很強的女人。不僅因為她的1樓整天都有古怪的、往往更是令人討厭的客人到訪，就連她那位在生活上有怪癖的、不守規則的知名房客也令她的忍耐達到了極限。他極度邋遢；他在不恰當的時間聽音樂聽上癮；他偶爾在室內練習槍法；他的科學實驗又怪異又常發出惡臭；他的四周還瀰漫着暴力和危險的氣氛。凡此種種，都令他成為全倫敦最爛的房客。不過，他出的房租卻很高。毫無疑問，我和他一起住的那幾年，他支付的房租已足可把這所住宅買下來。

↑原著的開場依舊是靜態的，以華生評述福爾摩斯的古怪行為打開序幕。但這些描述與後面的故事也沒有太大關係，只是為了帶出房東太太告訴華生福爾摩斯病重而已。

↓這次，改編版的開場雖然沒有激烈的動作場面，但馬上把讀者拉進了犯罪現場，與蘇格蘭場的孖寶幹探一起，走近屍體！這個開場與往後的劇情環環緊扣，也起着前後呼應的作用。

改編版《瀕死的大偵探》的開場

李大猩和狐格森在胖墩墩的河馬巡警帶領下，匆匆忙忙地穿過一條又陰暗又潮濕的小巷，來到一間簡陋的木屋前面。

「就是這間木屋了。」河馬巡警戰戰兢兢地說。

「發現屍體的人呢？」李大猩問。

河馬巡警「咕嘟」一聲咽了一口口水，才吞吞吐吐地說：「他們……應該都走了吧……」

狐格森眉頭一皺，不滿地說：「怎麼讓他們走了，你應該知道我們要問話呀。」

「是的……」河馬巡警點點頭，「不過，他們害怕——」

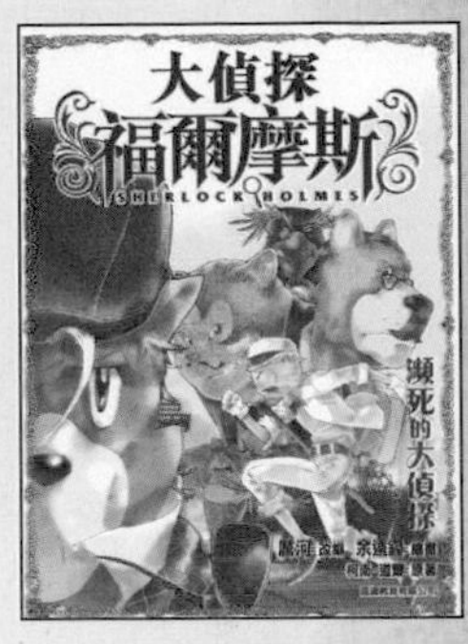

↑華生躲在床下也是一個很重要的改編。

看過這幾個例子，就知道改編版的開場作了非常大的改動。
常常以 ACTION（動作、令人激動的事）帶領讀者迅速進入故事（戲）中去。希望令讀者讀了開場就欲罷不能，必須追看下去。

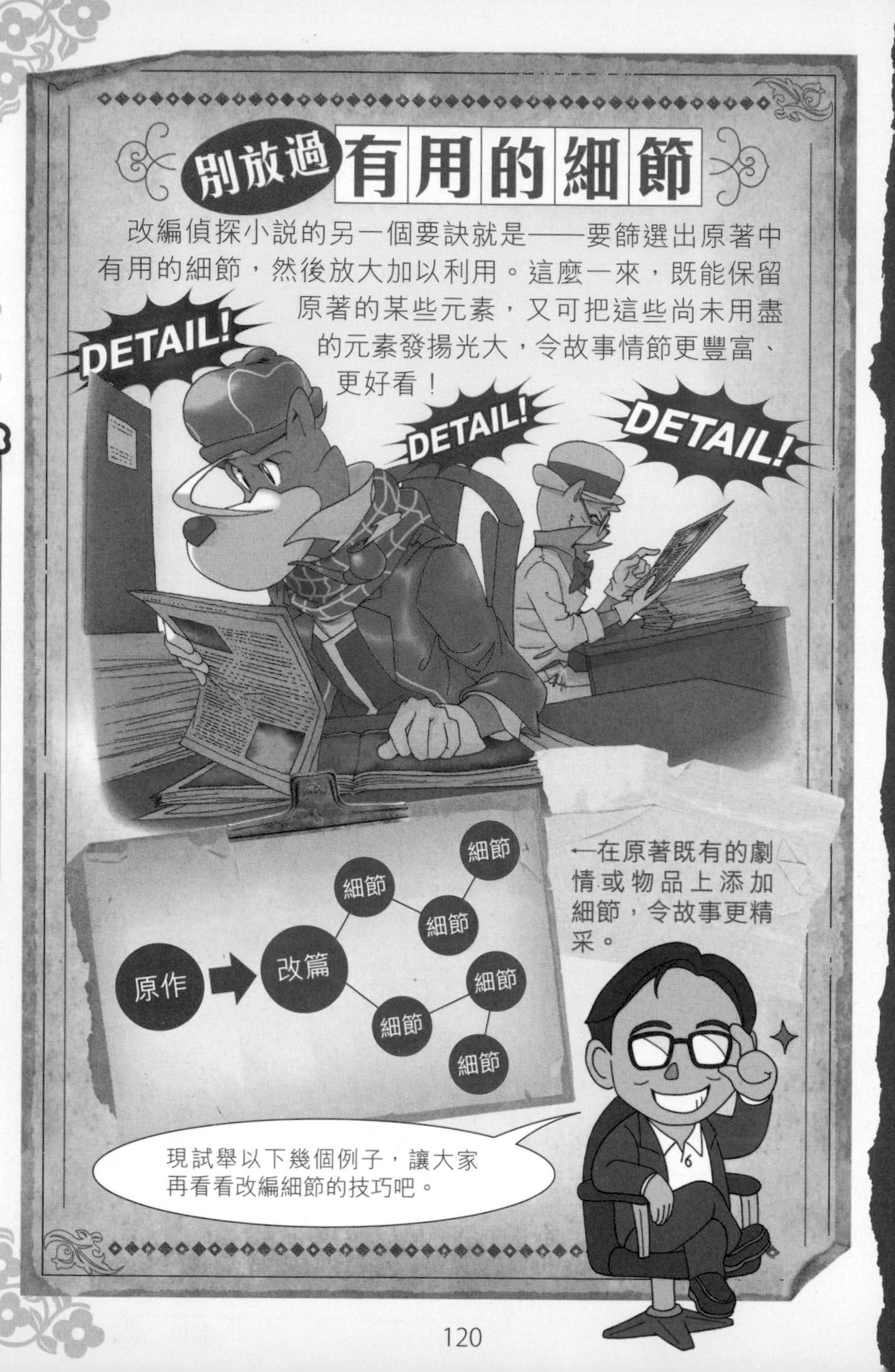
別放過 有用的細節
改編偵探小説的另一個要訣就是——要篩選出原著中有用的細節，然後放大加以利用。這麼一來，既能保留原著的某些元素，又可把這些尚未用盡的元素發揚光大，令故事情節更豐富、更好看！
DETAIL!
DETAIL!
DETAIL!
原作
改篇
細節
細節
細節
細節
細節
細節
←在原著既有的劇情或物品上添加細節，令故事更精采。
現試舉以下幾個例子，讓大家再看看改編細節的技巧吧。

實例②

ARTHUR CONAN DOYLE
The Memoirs of
Sherlock Holmes
The Reigate Squire

原著

賴蓋特之謎

出版年份：1893 年　主題：爆竊兇案

原著故事梗概：

賴蓋特鎮的大地主阿克頓家被爆竊，失去了詩集、鎮紙、燭台、氣壓計和線團等五種物品。幾天後，與阿克頓家相鄰的赫寧翰家亦遭賊人入屋爆竊，還在逃走時殺死了該家的馬車夫威廉。警方更在他緊握的手上找到一小塊有字的紙角。

福爾摩斯和華生從紙角上的字跡和赫寧頓先生的證言——通過臥室的玻璃窗目擊竊賊殺人後逃走，查出兇手其實是赫寧頓家少主亞歷。

原來，進入阿克頓家爆竊的是赫寧頓父子，目的是偷取對自己不利的法律文件。但兩人在遍尋不獲下，為了掩飾不軌企圖，就隨意偷了上述五種物品，製造有賊入屋爆竊的假象。

馬車夫威廉目擊事件經過後企圖向主人勒索，結果死在少主亞歷手上。

為五種物品添加細節！

翻去後頁看看如何改編！

改篇版

兇手的倒影

出版年份：2015 年　主題：爆竊兇案

改編版故事梗概：

倫敦爆竊犯皮里斯受聘潛入賴蓋特鎮的大地主阿克頓家爆竊，偷走詩集、鎮紙、燭台、氣壓計和線團等五種物品。

第二天晚上，狐格森追蹤而至，卻被皮里斯用盜來的鎮紙打暈，更被奪去佩槍和警章。之後，皮里斯把燭台、氣壓計和線團放到狐格森的酒店房中插贓嫁禍。

當晚深夜，皮里斯卻在與阿克頓家毗鄰的赫寧頓家的前院被槍殺。警方在其身上找到一條酒店鑰匙，及寫有阿克頓姓名的詩集和鎮紙，更發現其手上緊握着一小塊有字的紙角。此外，還在附近的河底發現了狐格森的失槍，檢驗後證明是案中兇器。

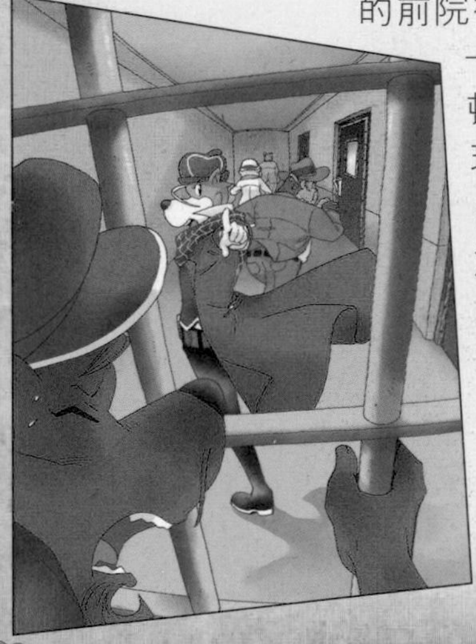

其後，警方憑鑰匙追蹤到狐格森下榻的酒店，在其房中搜出失竊的燭台、氣壓計和線團，而他又承認兇槍是其失槍。此外，他臉上有被鎮紙打過的傷痕，

證明他曾與皮里斯發生過爭執。在證據確鑿下，警方把他拘捕。

福爾摩斯出手調查，識破皮里斯插贓嫁禍，更推論出他把詩集和鎮紙帶在身上，是為了向委託他爆竊的人證明他曾進入阿克頓家，因為該兩件物品皆寫有阿克頓的名字。而他偷取燭台、氣壓計和線團等物，只是為了掩飾爆竊的真正目的。所以，兇手應是那個委託人，而非狐格森。

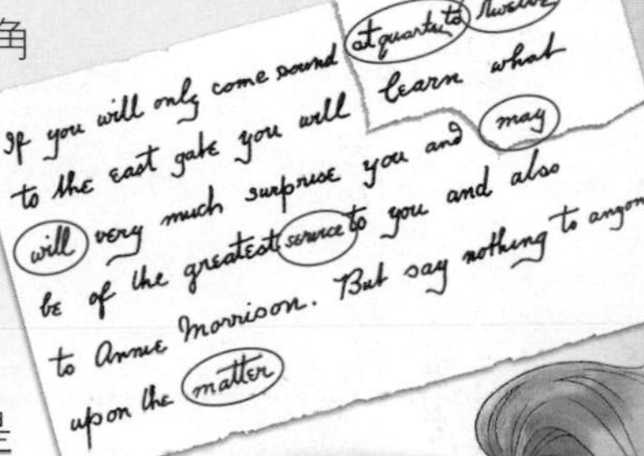

福爾摩斯和華生從紙角上的字跡和赫寧頓先生的證言——當晚在書房看書時，通過玻璃窗目擊竊賊殺人後逃走，查出兇手其實是赫寧頓家少主亞歷。他正是叫皮里斯去阿克頓家爆竊的委託人，目的是偷取對赫寧頓家不利的法律文件。但由於皮里斯持槍向他勒索，他就奪槍把皮里斯殺死，並把槍丟到附近的河中。

建立支線撐起主線

與前面的實例①一樣，我在改編這個故事時，加插了兩個人物（狐格森和竊賊皮里斯）來建立一條支線，再利用這條支線來撐起主線。

主線講赫寧頓家的馬車夫威廉被殺，最終查出該家少主是兇手。

主線
勒索者在
赫寧頓家前院被殺

支線
狐格森被竊賊
皮里斯插贓嫁禍

可害苦了
我呀！

故事結構

改編版加插了狐格森被人陷害，而陷害他的人竟然是被殺的竊賊皮里斯，一宗案子變成兩宗，又互相糾纏在一起，令故事更加峰迴路轉、出人意表。

由於有了這條支線，原著中一些未被充分利用的失竊物—詩集、鎮紙、燭台、氣壓計和線團，就大派用場了。看看右頁，就可知道這些細節被充分利用後會產生甚麼作用。

原著

作用 1：偽裝成一般爆竊案。

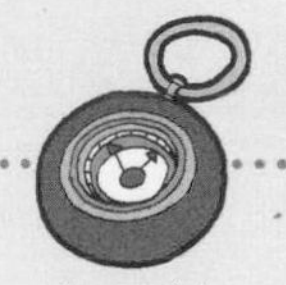

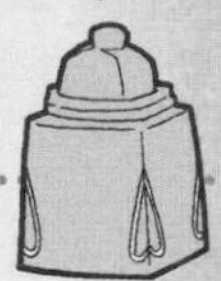

燭台　氣壓計　線團　詩集　鎮紙

改篇

作用 3：用燭台、氣壓計和線團插贓嫁禍狐格森。

作用 4：狐格森臉上有被鎮紙打過的傷痕，加深了他殺害皮里斯的嫌疑。

作用 2：皮里斯用詩集和鎮紙證明已執行爆竊任務。

作用 1：偽裝成一般爆竊案。

此外，原著中有一情節，指赫寧頓先生説他「通過卧室的玻璃窗目擊竊賊殺人後逃走」，由於這涉及光學原理，我在改編版中還加插了「科學小知識——光的反射」專欄，除了可凸顯福爾摩斯以科學知識破案的形象，也令故事變得更有趣。

其他利用細節的例子

看看其他例子，了解細節的重要性。

原著《布羅斯基被殺案》

兇手在廚房看到修建溫室時用剩的角鐵，於是拿它來行兇，刮花了受害人的臉。

改編版《M博士外傳》第2及3集

兇手在廚房看到修建柵欄時剩下的鐵枝，於是用它來行兇，刮花了受害人的臉。

但襲擊受害人時，在酒吧的天花板上留下刮痕。

由於在廚房的牆角和地上都留下了鐵枝的鏽跡，桑代克得悉鐵枝曾斜靠在廚房的牆角上，由此推斷出兇手襲擊死者的路徑。

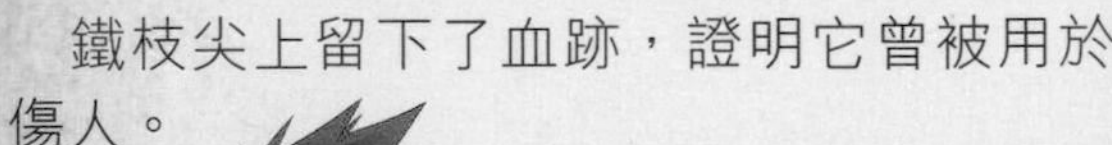

鐵枝尖上留下了血跡，證明它曾被用於傷人。

鐵枝與院子柵欄的鐵枝大小和款式都一樣，證明了其出處。

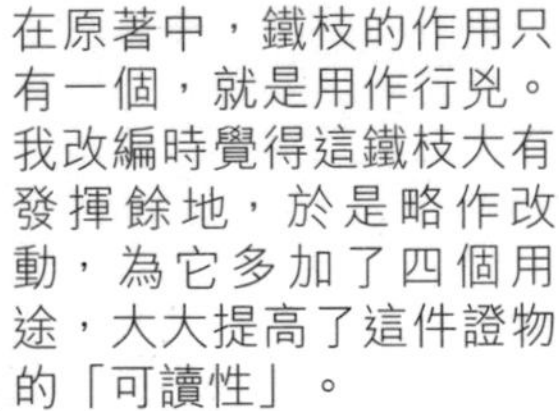

在原著中，鐵枝的作用只有一個，就是用作行兇。我改編時覺得這鐵枝大有發揮餘地，於是略作改動，為它多加了四個用途，大大提高了這件證物的「可讀性」。

原著
《跳舞的人》

歹角以不同動作的火柴人作密碼，向女主角傳遞秘密信息。

改編版
《解碼緝兇》

歹角以不同動作的火柴人作密碼，向女主角傳遞秘密信息。

那些火柴人的動作其實是來自武術的套路，從而令福爾摩斯推論出歹角與武館有關。

大偵探福爾摩斯
SHERLOCK HOLMES
解碼緝兇

原著中「跳舞的人」（即火柴人）只是一種密碼，但沒有說明為何那個歹角會發明此密碼。我在改編時，為了達到「意料之外，情理之中」的效果，就為這套密碼加上出處，指它來自中國武術的套路。
這麼一來，福爾摩斯就可發揮其超凡的推理能力，從密碼聯想到武館，最終找到犯人藏身之所了。

A B C D E F G H I J K L M N O P
小舞人變成小武人！

原著《恐怖谷》

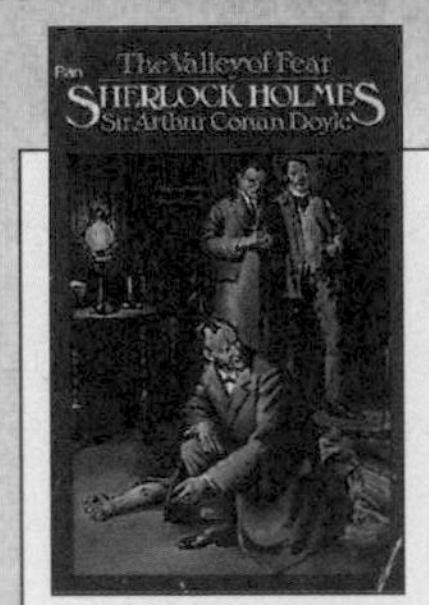

幫會派殺手到主角家中企圖暗殺，但反被主角殺死。由於殺手與自己身形相似，主角毀掉殺手容貌以李代桃，令幫會以為他已身亡，以逃避追殺。

改編版《古堡謀殺案》

幫會派殺手到主角家中進行暗殺，他卻在主角面前自毀容貌自殺。

原來殺手是主角之弟，因已身患絕症，自殺是以李代桃，為救哥哥免被幫會追殺。

原著中主角看到殺手的身形與自己相似，臂上又有同一幫會的烙印，就利用殺手的屍體來代替自己。但這情節不太合理，因為殺手始終是外人，相似度必定有限，很容易被熟人識穿。

要是換了樣貌和外形皆相似的弟弟，就合理得多了。此外，這個兄弟鬩牆的設定，除了可增加兄弟情仇的情節，還可描寫李代桃僵的犧牲精神，令故事的可讀性倍增。

原著《歪唇男人》

一個智力超羣的乞丐原來是一個紳士扮的，福爾摩斯識破後洗掉他的化裝，令他供出化身成乞丐乞錢的實情。

改編版《乞丐與紳士》

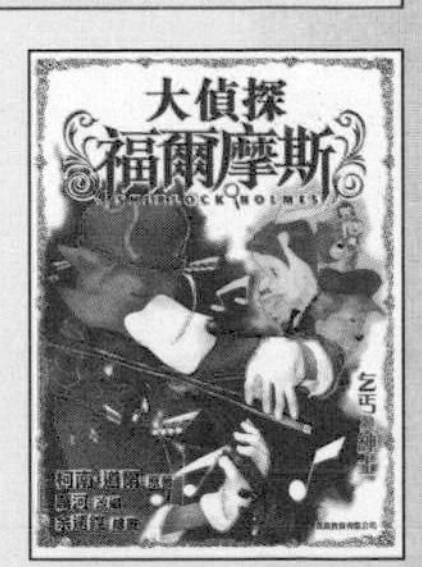

一個智力超羣的乞丐原來是一個紳士扮的，福爾摩斯知道他懂得拉小提琴乞錢，於是拉出一曲他常拉給他孩子聽的安眠曲，令他感動之下主動洗去化裝，道出化身成乞丐乞錢的實情。

原著中只簡單地說這個乞丐智力超羣，卻沒有具體的描述。我就抓住「智力超羣」這個細節，寫他懂得拉小提琴行乞，把原著的描述具體化。

▶ 有了這個新增的設定，進一步就可描寫他每晚都會為孩子拉一首安眠曲。

▶ 這麼一來，就可再進一步，寫福爾摩斯通過拉這首安眠曲來喚醒他的人性，令他主動懺悔自己假扮乞丐騙錢的罪行了。

就是這樣，通過強化細節加以利用，不但可令破案過程變得更複雜有趣，還可加強人物的性格，令他們變得更有血有肉有感情。

這麼一來，就可而把一個主要是鬥智的推理故事，推往一個更高的層次——表現複雜人性的故事。

未公開原畫草圖③

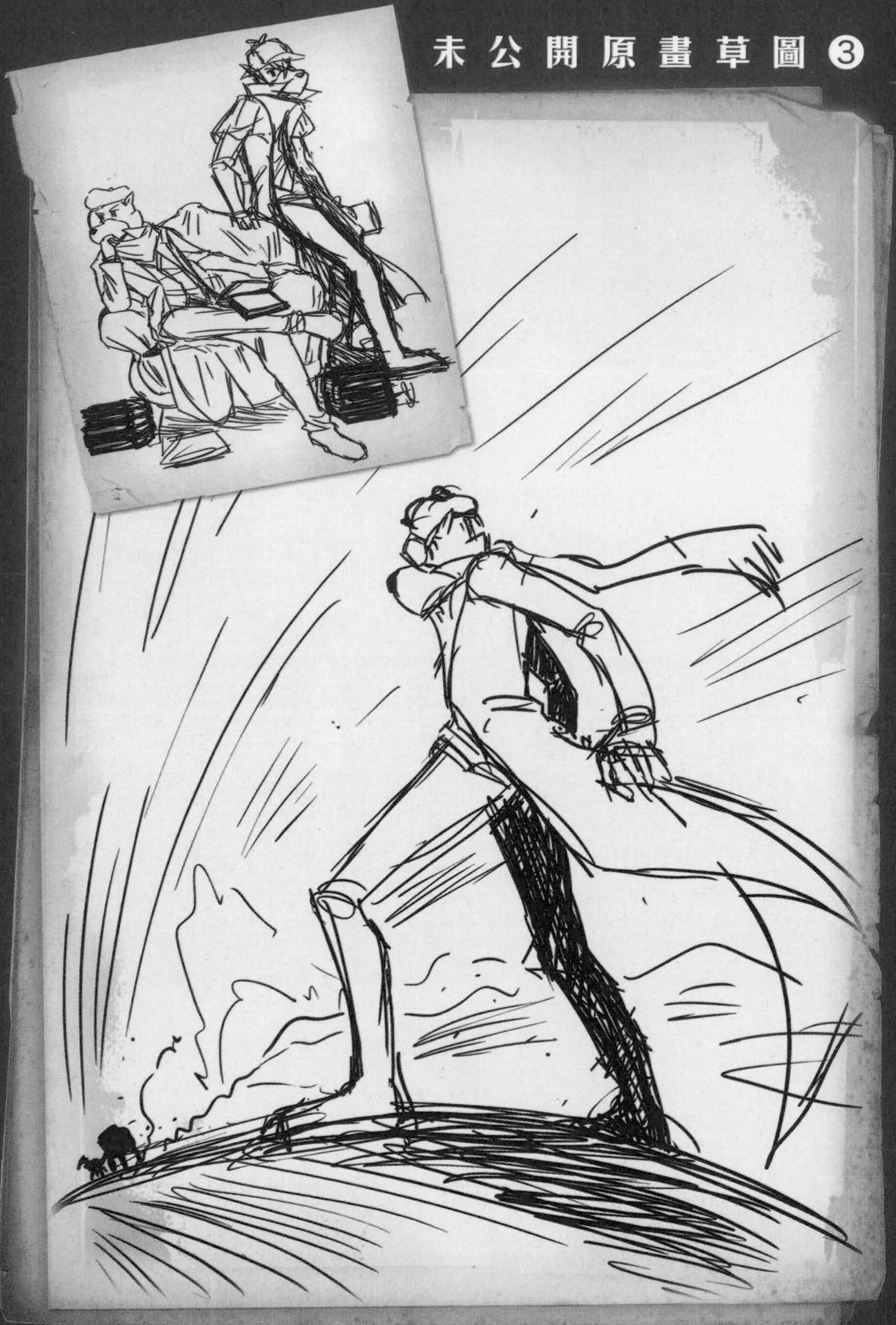

Chapter 6

科學知識概覽

物質三態

第 18 集《逃獄大追捕》

第 21 集《蜜蜂謀殺案》
科學鬥智短篇「蜜蜂謀殺案」

第 32 集《逃獄大追捕 II》

第 33 集《野性的報復》
科學鬥智短篇「隔空移物」

第 39 集《綁匪的靶標》

第 40 集《暴風謀殺案》

第 46 集《幽靈的地圖》

第 47 集《古堡謀殺案》

第 48 集《骨頭會說話》

第 58 集《魔犬傳說(下)》

物

力學

第 16 集《奪命的結晶》科學鬥智短篇「麵包的秘密」

第 27 集《空中的悲劇》

第 61 集《快速列車謀殺案》

理
機械
第 23 集《幽靈的哭泣》
電磁
特別版《死亡遊戲》
聲學
第 38 集《幽靈的哭泣 II》
光學
第 12 集《智救李大猩》
科學鬥智短篇「誰是兇手？」
第 21 集《蜜蜂謀殺案》
科學鬥智短篇「分身」
第 23 集《幽靈的哭泣》
第 28 集《兇手的倒影》
第 30 集《無聲的呼喚》
第 46 集《幽靈的地圖》
第 54 集《解碼緝兇 II》
第 55 集《鬼手仁心》

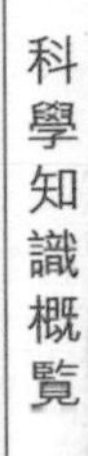
科學知識概覽

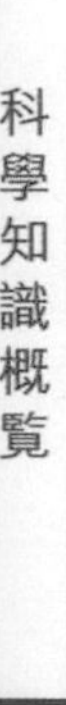

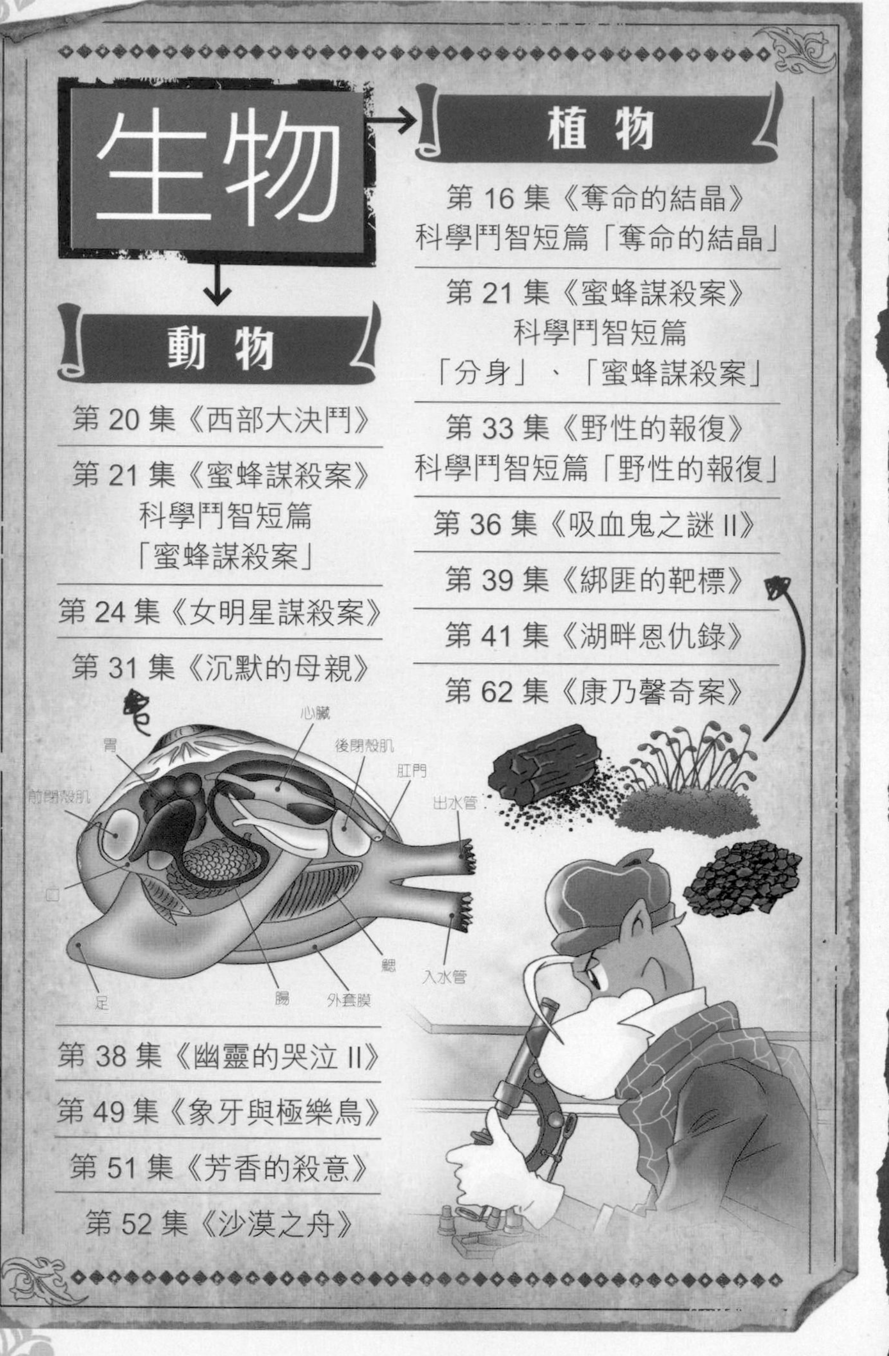

生物

植物

第 16 集《奪命的結晶》
科學鬥智短篇「奪命的結晶」

第 21 集《蜜蜂謀殺案》
科學鬥智短篇
「分身」、「蜜蜂謀殺案」

第 33 集《野性的報復》
科學鬥智短篇「野性的報復」

第 36 集《吸血鬼之謎 II》

第 39 集《綁匪的靶標》

第 41 集《湖畔恩仇錄》

第 62 集《康乃馨奇案》

動物

第 20 集《西部大決鬥》

第 21 集《蜜蜂謀殺案》
科學鬥智短篇
「蜜蜂謀殺案」

第 24 集《女明星謀殺案》

第 31 集《沉默的母親》

第 38 集《幽靈的哭泣 II》

第 49 集《象牙與極樂鳥》

第 51 集《芳香的殺意》

第 52 集《沙漠之舟》

化學

藥物

第 16 集《奪命的結晶》
科學鬥智短篇
「奪命的結晶」

第 27 集《空中的悲劇》

第 35 集《速度的魔咒》

第 59 集《鼠竊狗盜謀殺案》

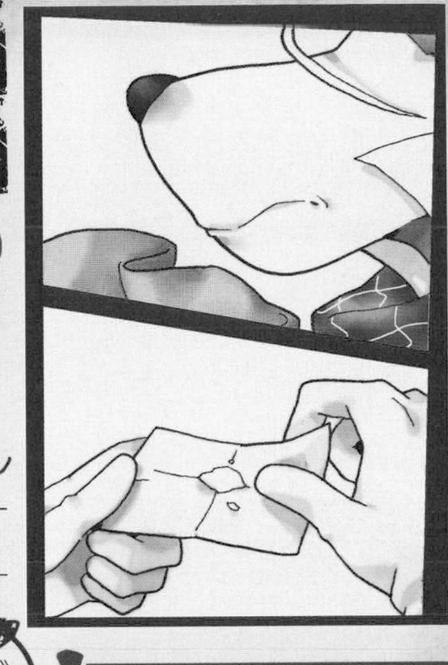

元素 / 化合物

第 18 集《逃獄大追捕》

第 19 集《瀕死的大偵探》

第 29 集《美麗的兇器》

第 33 集《野性的報復》
科學鬥智短篇「野性的報復」

第 42 集《連環殺人魔》

第 48 集《骨頭會説話》

第 50 集《金璽的詛咒》

第 51 集《芳香的殺意》

特別版《死亡遊戲》

人體

疾病

第 19 集《瀕死的大偵探》

第 30 集《無聲的呼喚》

第 34 集《美味的殺意》

第 35 集《速度的魔咒》

第 41 集《湖畔恩仇錄》

第 46 集《幽靈的地圖》

心理

第 35 集《速度的魔咒》

斗形紋

箕形紋

弧形紋（弓形紋）

其他

第 12 集《智救李大猩》科學鬥智短篇「誰是兇手？」

第 24 集《女明星謀殺案》

第 25 集《指紋會説話》

第 28 集《兇手的倒影》

第 35 集《速度的魔咒》

第 42 集《連環殺人魔》

第 44 集《消失的屍體》

第 60 集《替天行道》

數學

第 16 集《奪命的結晶》
科學鬥智短篇「數字的碎片」

第 20 集《西部大決鬥》

第 26 集《米字旗殺人事件》

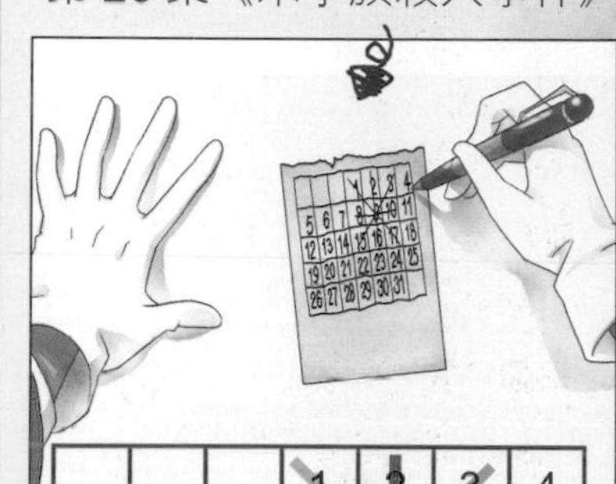

			1	2	3	4
5	6	7	8	9	10	11
12	13	14	15	16	17	18
19	20	21	22	23	24	25
26	27	28	29	30		

2+16=18　10+8=18
3+15=18　17+1=18

第 30 集《無聲的呼喚》

第 43 集《時間的犯罪》

第 53 集《少年福爾摩斯》

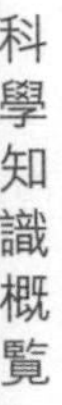

第 16 集《奪命的結晶》
科學鬥智短篇
「麵包的秘密」

第 37 集《太陽的證詞》

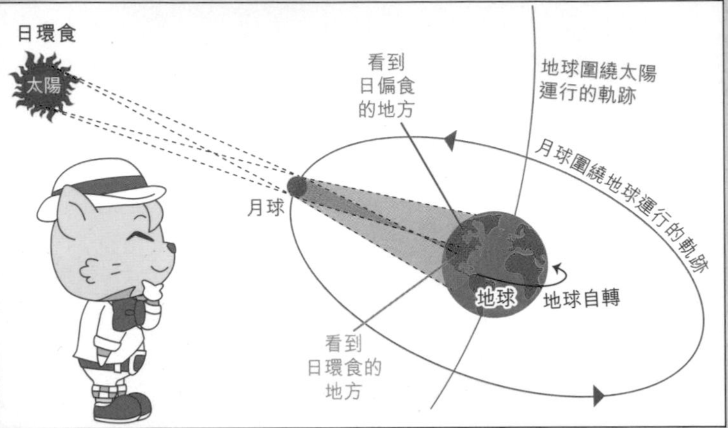

地理

第 23 集《幽靈的哭泣》

第 37 集《太陽的證詞》

第 45 集《解碼緝兇》

第 56 集《藍色的甲蟲》

其他

密碼

第20集《西部大決鬥》

博奕論

第33集
《野性的報復》
科學鬥智短篇
「囚徒的困境」

印刷術

第26集《米字旗殺人事件》

第44集《消失的屍體》

食物

第31集《沉默的母親》

第34集《美味的殺意》

歷史

第44集《消失的屍體》

第49集《象牙與極樂鳥》

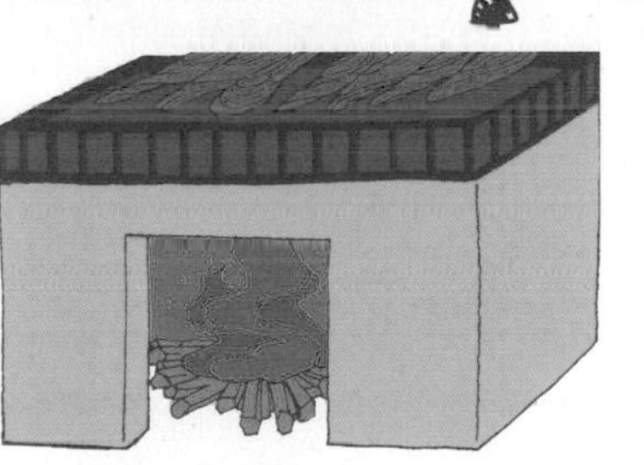

↑用煙焙乾魚肉的水分

↑用霉菌吸走餘下的水分

科學知識概覽

大偵探的紙煙斗

只要有漿糊筆及美工刀，就能摺出大偵探福爾摩斯的紙煙斗。各位偵探迷，一起動手摺摺看吧！

所需材料

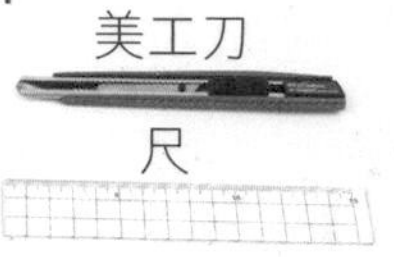

美工刀

尺

漿糊筆

＊使用利器時，須由家長陪同。

製作難度：
★★★☆☆
製作時間：
約 45 分鐘

❶沿黑線剪下紙樣，並按類分成以下 4 份。

1 斗鉢壁＋斗柄

2 斗柄

3 煙嘴柄

4 斗鉢壁

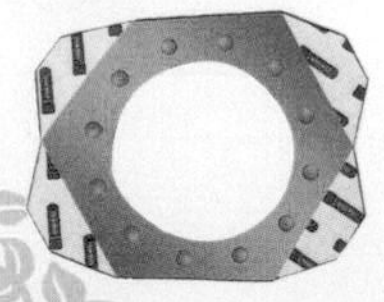

❷用刀背輕劃紙樣上的虛線。

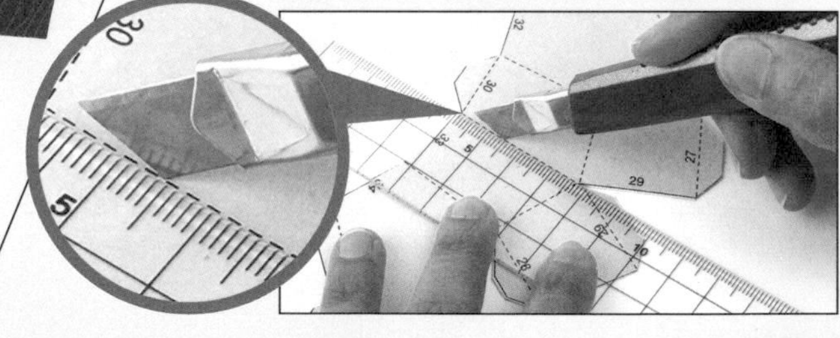

❸將 1 斗鉢壁＋斗柄沿虛線向內摺，跟着相同數字黏好，摺成圖中形狀。

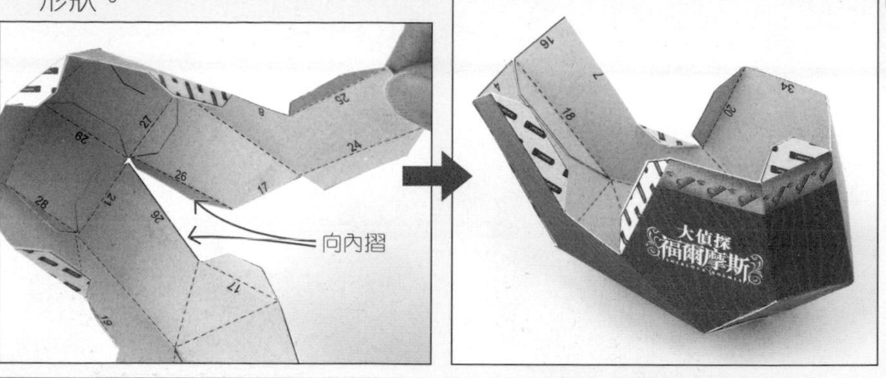

❹如圖摺 2 斗柄部分，在黏貼位點上漿糊，將相同數字拼合。

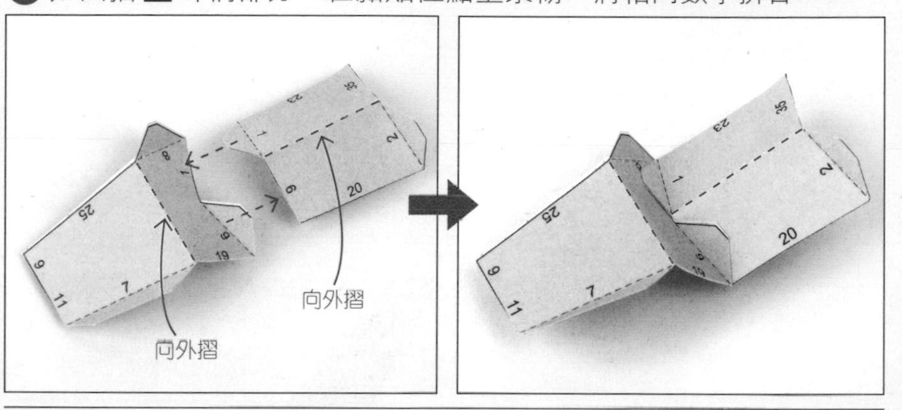

❺如圖摺 3 煙嘴柄，先黏好長的一邊，再拼合短的那邊，合上黏好。

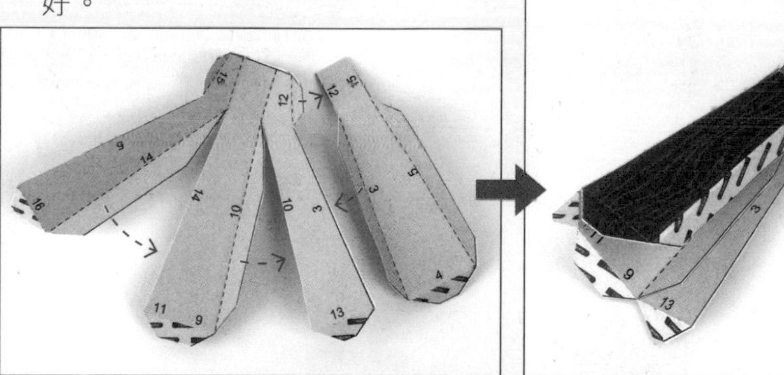

❻將做法❸、❹拼合。
小貼士：先黏 19，再黏 7、20。

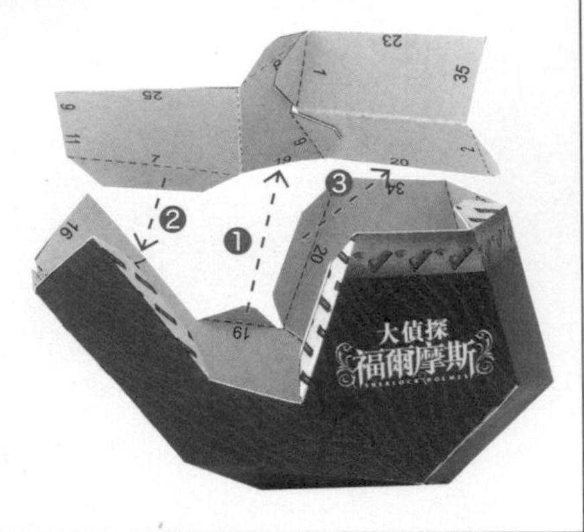

❼ 3 斗鉢壁顏色面朝上，跟着數字黏在做法❻的斗鉢壁＋斗柄上。

❽拼合煙嘴柄。

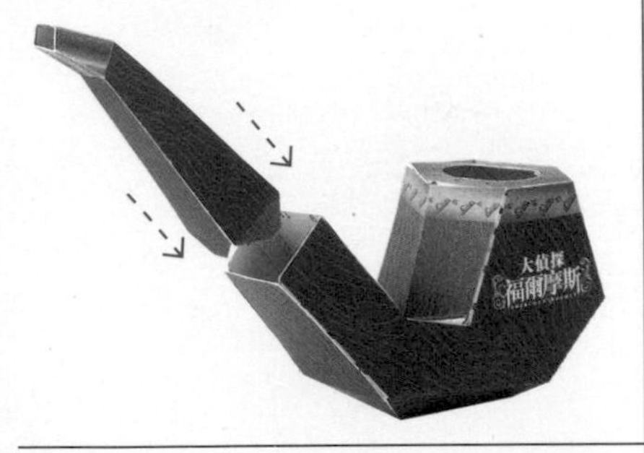

❾剪下 5 飾環，用美工刀背劃過虛線，黏好。

❿在斗柄接合位套上做法❾飾環。

備註：圖片版權

P.15
三劍客 https://commons.wikimedia.org/wiki/File:Dartagnan-musketeers.jpg
P.24
機車一號 "Locomotion No. 1." by Chris55 / CC BY-SA 3.0 https://commons.wikimedia.org/wiki/File:Locomotion_No._1..jpg
火箭號 "National Railway Museum - I - 15206476830" by Juan Enrique Gilardi / CC BY-SA 2.0 https://commons.wikimedia.org/wiki/File:National_Railway_Museum_-_I_-_15206476830.jpg
P.26
大不列顛號 "Bristol MMB 43 SS Great Britain" by mattbuck / CC BY-SA 3.0 https://commons.wikimedia.org/wiki/File:Bristol_MMB_43_SS_Great_Britain.jpg
大東方號 https://en.wikipedia.org/wiki/File:Great_Eastern_painting_smooth_sea-2.jpg
皇家勇士號 "HMS warriorjune20092" by geni / CC BY-SA 4.0 https://commons.wikimedia.org/wiki/File:HMS_warriorjune20092.jpg
P.27
蒸汽車 "Rétromobile 2011 - Fardier de Cugnot - 002" by Thesupermat / CC BY-SA 3.0 https://commons.wikimedia.org/wiki/File:R%C3%A9tromobile_2011_-_Fardier_de_Cugnot_-_002.jpg
蒸汽車 https://commons.wikimedia.org/wiki/File:Trevithicks_Dampfwagen.jpg
車禍 https://commons.wikimedia.org/wiki/File:Fardier_a_vapeur.gif
P.28
蒸汽車 https://commons.wikimedia.org/wiki/File:Das_Ausland_(1828)_b_050_2.jpg
賓士一號 "Benz Patent Motorwagen 1886 (Replica)" by Chris 73 / CC BY-SA 3.0 https://commons.wikimedia.org/wiki/File:Benz_Patent_Motorwagen_1886_(Replica).jpg
P.31
第一張照片 https://zh.wikipedia.org/zh-tw/File:View_from_the_Window_at_Le_Gras,_Joseph_Nicéphore_Niépce,_uncompressed_UMN_source.png
上色照片 https://commons.wikimedia.org/wiki/File: Niépce_Heliograph_1827_Le_Gras.jpg
P.32
暗箱 https://commons.wikimedia.org/wiki/File:Susse_Frére_Daguerreotype_camera_1839.jpg
P.37
X 光 https://commons.wikimedia.org/wiki/File: X-ray by Wilhelm Röntgen of Albert von Kölliker's hand - 18960123-02.jpg
P.39
第一個燈泡 "Edison bulb" by Alkivar / CC BY-SA 3.0 https://commons.wikimedia.org/wiki/File:Edison_bulb.jpg
P.40
芝加哥大火版畫 https://zh.wikipedia.org/zh-tw/File: Chicago in Flames by Currier & Ives, 1871 (cropped).jpg
家庭保險大廈 https://commons.wikimedia.org/wiki/File:Home_Insurance_Building.JPG
P.46
午餐 "Chicken sandwich" by Tmannya / CC BY-SA 3.0 https://commons.wikimedia.org/wiki/File:Chicken_sandwich.jpg
晚餐 "A roast lamb dinner at Black Horse Inn, Nuthurst, West Sussex England" by Acabashi / CC BY-SA 4.0 https://commons.wikimedia.org/wiki/File:A_roast_lamb_dinner_at_Black_Horse_Inn,_Nuthurst,_West_Sussex_England.jpg
P.48
早餐 "Koffee Pot, Manchester" by Magnus D / CC BY 2.0 https://www.flickr.com/photos/magnus_d/7013606867
P.50
烤雞咖喱 "Dinner - Chicken Tikka Masala and Roti" by gogatsby / CC BY-SA 2.0 https://www.flickr.com/photos/gogatsby/5452784095/
英式咖喱 "Chicken Balti Bhuna" by Edinburgh Blog / CC BY-SA 2.0 https://commons.wikimedia.org/wiki/File:Chicken_Balti_Bhuna.jpg
日式咖喱 "Vegetable curried rice (8321906892)" by pelican / CC BY-SA 2.0 https://commons.wikimedia.org/wiki/File:Vegetable_curried_rice_(8321906892).jpg
P.52
炸魚薯條 "Fish n Chips in Edinburgh 20171126" by Hal 0005 / CC BY-SA 4.0 https://commons.wikimedia.org/wiki/File:Fish_n_Chips_in_Edinburgh_20171126.jpg
鱈魚 https://commons.wikimedia.org/wiki/File:Atlantic_cod.jpg
P.53
下午茶 https://commons.wikimedia.org/wiki/File:Soulacroix_Frédéric_-_Tea_TimeFXD.jpg
P.54
鬆餅 "Cornish Cream Tea" by Dan Cottle / CC BY 2.0 https://www.flickr.com/photos/dancottle/32864358742
P.55
下午茶 "London-Liberty-Afternoon tea (1)" by Ji-Elle / CC BY-SA 4.0 https://commons.wikimedia.org/wiki/File:London-Liberty-Afternoon_tea_(1).jpg
P.56
居家管理手冊 https://commons.wikimedia.org/wiki/File:The_book_of_household_management_(IA_b21536193).pdf
P.57
下午茶 https://commons.wikimedia.org/wiki/File:Het_vieruurtje,_1778,_Groeningemuseum,_0040069000.jpg
P.60
周日烤肉 "Roast beef" by Jeremy Keith / CC BY 2.0 https://commons.wikimedia.org/wiki/File:Sunday_roast_-_roast_beef_1.jpg
約克郡布丁 "Yorkshire Puddings" by Sam Greenhalgh / CC BY 2.0 https://www.flickr.com/photos/zapthedingbat/3084675268
P.61
米布丁 "Regency Rice Pudding" by LearningLark / CC BY 2.0 https://www.flickr.com/photos/44282411@N04/8368678354
麵包布丁 "Bread Pudding (86580219)" by Charles Haynes / CC BY-SA 2.0 https://commons.wikimedia.org/wiki/File:Bread_Pudding_(86580219).jpg
P.62
聖誕布丁 "Christmas pudding" by James Petts / CC BY-SA 2.0 https://www.flickr.com/photos/14730981@N08/32421071478
夏日布丁 "summer fruits pudding" by Iain Cameron / CC BY 2.0 https://www.flickr.com/photos/igcameron/18794591063
索賽克斯池塘布丁 https://commons.wikimedia.org/wiki/File:Sussex_Pond_Pudding_2.jpg
P.65
烤鵝 "Roast Goose" by Tim Sackton / CC BY-SA 2.0 https://www.flickr.com/photos/sackton/6621139883
P.66
鵝肝批 "Goose pie" by whinger / CC BY 2.0 https://commons.wikimedia.org/wiki/File:Goose_pie.jpg

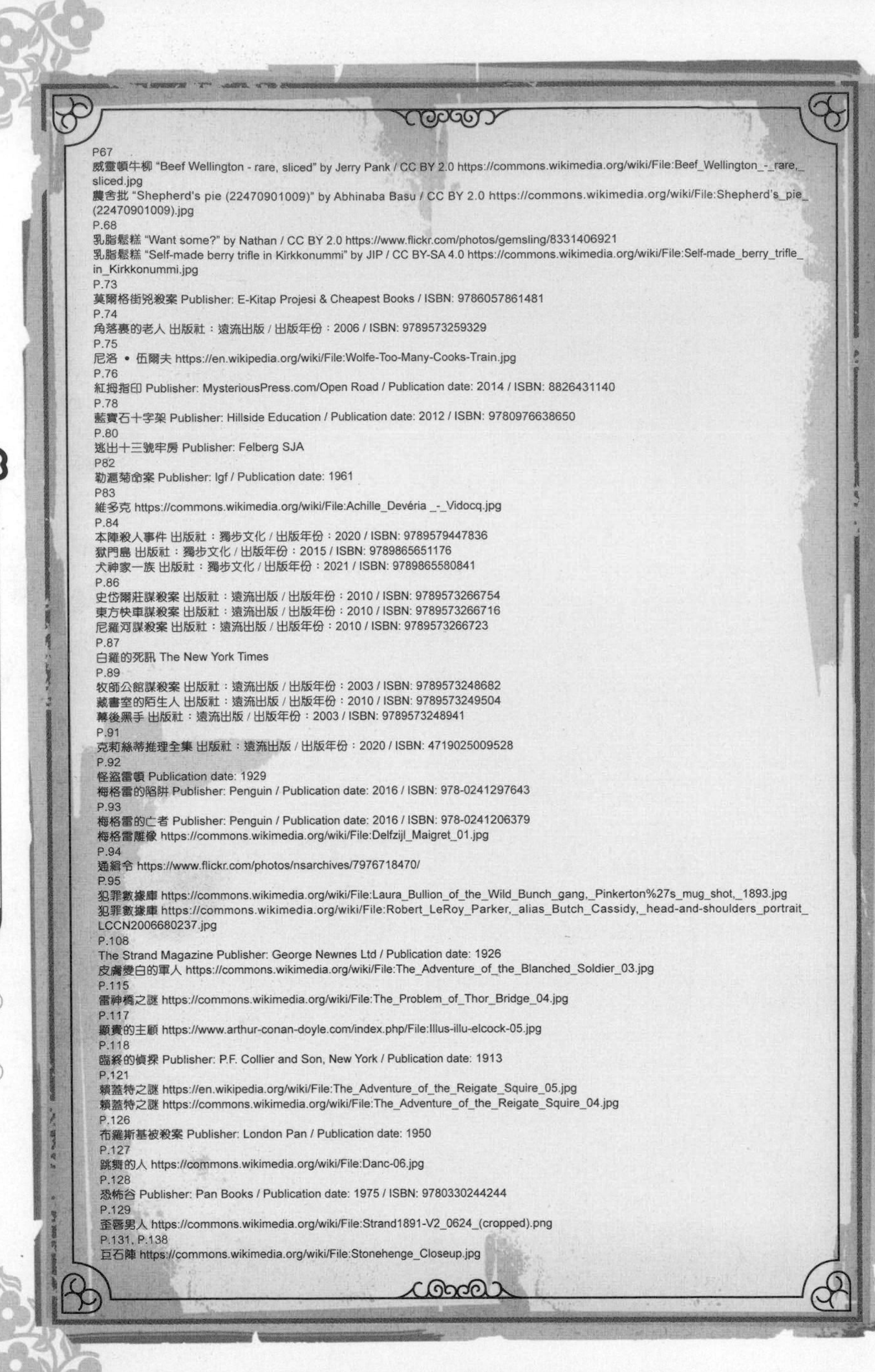

P67
威靈頓牛柳 “Beef Wellington - rare, sliced” by Jerry Pank / CC BY 2.0 https://commons.wikimedia.org/wiki/File:Beef_Wellington_-_rare,_sliced.jpg
農舍批 “Shepherd's pie (22470901009)” by Abhinaba Basu / CC BY 2.0 https://commons.wikimedia.org/wiki/File:Shepherd's_pie_(22470901009).jpg
P.68
乳脂鬆糕 “Want some?” by Nathan / CC BY 2.0 https://www.flickr.com/photos/gemsling/8331406921
乳脂鬆糕 “Self-made berry trifle in Kirkkonummi” by JIP / CC BY-SA 4.0 https://commons.wikimedia.org/wiki/File:Self-made_berry_trifle_in_Kirkkonummi.jpg
P.73
莫爾格街兇殺案 Publisher: E-Kitap Projesi & Cheapest Books / ISBN: 9786057861481
P.74
角落裹的老人 出版社：遠流出版 / 出版年份：2006 / ISBN: 9789573259329
P.75
尼洛 • 伍爾夫 https://en.wikipedia.org/wiki/File:Wolfe-Too-Many-Cooks-Train.jpg
P.76
紅拇指印 Publisher: MysteriousPress.com/Open Road / Publication date: 2014 / ISBN: 8826431140
P.78
藍寶石十字架 Publisher: Hillside Education / Publication date: 2012 / ISBN: 9780976638650
P.80
逃出十三號牢房 Publisher: Felberg SJA
P82
勒滬菊命案 Publisher: lgf / Publication date: 1961
P83
維多克 https://commons.wikimedia.org/wiki/File:Achille_Devéria _-_Vidocq.jpg
P.84
本陣殺人事件 出版社：獨步文化 / 出版年份：2020 / ISBN: 9789579447836
獄門島 出版社：獨步文化 / 出版年份：2015 / ISBN: 9789865651176
犬神家一族 出版社：獨步文化 / 出版年份：2021 / ISBN: 9789865580841
P.86
史岱爾莊謀殺案 出版社：遠流出版 / 出版年份：2010 / ISBN: 9789573266754
東方快車謀殺案 出版社：遠流出版 / 出版年份：2010 / ISBN: 9789573266716
尼羅河謀殺案 出版社：遠流出版 / 出版年份：2010 / ISBN: 9789573266723
P.87
白羅的死訊 The New York Times
P.89
牧師公館謀殺案 出版社：遠流出版 / 出版年份：2003 / ISBN: 9789573248682
藏書室的陌生人 出版社：遠流出版 / 出版年份：2010 / ISBN: 9789573249504
幕後黑手 出版社：遠流出版 / 出版年份：2003 / ISBN: 9789573248941
P.91
克莉絲蒂推理全集 出版社：遠流出版 / 出版年份：2020 / ISBN: 4719025009528
P.92
怪盜雷頓 Publication date: 1929
梅格雷的陷阱 Publisher: Penguin / Publication date: 2016 / ISBN: 978-0241297643
P.93
梅格雷的亡者 Publisher: Penguin / Publication date: 2016 / ISBN: 978-0241206379
梅格雷雕像 https://commons.wikimedia.org/wiki/File:Delfzijl_Maigret_01.jpg
P.94
通緝令 https://www.flickr.com/photos/nsarchives/7976718470/
P.95
犯罪數據庫 https://commons.wikimedia.org/wiki/File:Laura_Bullion_of_the_Wild_Bunch_gang,_Pinkerton%27s_mug_shot,_1893.jpg
犯罪數據庫 https://commons.wikimedia.org/wiki/File:Robert_LeRoy_Parker,_alias_Butch_Cassidy,_head-and-shoulders_portrait_LCCN2006680237.jpg
P.108
The Strand Magazine Publisher: George Newnes Ltd / Publication date: 1926
皮膚變白的軍人 https://commons.wikimedia.org/wiki/File:The_Adventure_of_the_Blanched_Soldier_03.jpg
P.115
雷神橋之謎 https://commons.wikimedia.org/wiki/File:The_Problem_of_Thor_Bridge_04.jpg
P.117
顯貴的主顧 https://www.arthur-conan-doyle.com/index.php/File:Illus-illu-elcock-05.jpg
P.118
臨終的偵探 Publisher: P.F. Collier and Son, New York / Publication date: 1913
P.121
賴蓋特之謎 https://en.wikipedia.org/wiki/File:The_Adventure_of_the_Reigate_Squire_05.jpg
賴蓋特之謎 https://commons.wikimedia.org/wiki/File:The_Adventure_of_the_Reigate_Squire_04.jpg
P.126
布羅斯基被殺案 Publisher: London Pan / Publication date: 1950
P.127
跳舞的人 https://commons.wikimedia.org/wiki/File:Danc-06.jpg
P.128
恐怖谷 Publisher: Pan Books / Publication date: 1975 / ISBN: 9780330244244
P.129
歪唇男人 https://commons.wikimedia.org/wiki/File:Strand1891-V2_0624_(cropped).png
P.131, P.138
巨石陣 https://commons.wikimedia.org/wiki/File:Stonehenge_Closeup.jpg